Thomas Baumann

111 Orte
in der Kurpfalz,
die man gesehen
haben muss

emons:

Bibliografische Information der Deutschen Nationalbibliothek
Die Deutsche Nationalbibliothek verzeichnet diese Publikation
in der Deutschen Nationalbibliografie; detaillierte bibliografische
Daten sind im Internet über http://dnb.d-nb.de abrufbar.

© Hermann-Josef Emons Verlag
Alle Rechte vorbehalten
Gestaltung: Eva Kraskes, nach einem Konzept
von Lübbeke | Naumann | Thoben
Kartografie: Regine Spohner
Druck und Bindung: B.O.S.S Druck und Medien GmbH, Goch
Printed in Germany 2012
ISBN 978-3-89705-891-0
Originalausgabe

Unser Newsletter informiert Sie
regelmäßig über Neues von emons:
Kostenlos bestellen unter
www.emons-verlag.de

Die Veröffentlichung dieses Werkes erfolgt auf Vermittlung
der Agentur Molden, Köln.

Vorwort

Was ist die Kurpfalz? Eine Antwort ist: Tabak, Spargel, Kartoffeln, Wein, Farben, Klopapier, Tabletten. Andere Antwort: Kurpfalz ist eine Versammlung von Orten, die erstmals im Lorscher Codex erwähnt und allesamt in den Bauernkriegen verwüstet wurden; denn sonst stünden hier wesentlich mehr mittelalterliche Gebäude. Und was muss man da gesehen haben? Orte, die nicht aufgeführt sind, können gleichwohl sehenswert sein, zum Beispiel Mannheims Luftturm, denn mit Luft ist der Wasserturm überwiegend gefüllt, das kaputte Schloss in Heidelberg und der große und der kleine Dom (Speyer, Worms).

Ist alt gleich sehenswert? Viele Heimat- und Kulturbüttel glauben an einen Automatismus, dass alles, was alt ist, auch erhaltens- und zeigenswert ist. Irrtum. Als man beispielsweise in Neupotz einen römischen Brennofen fand, hat man kurz nachgedacht, ob man sich in der Stadt touristisch betätigen wolle, hat die Frage verneint, sich die Stelle gemerkt und den Brennofen wieder zugedeckt.

Dieses Buch orientiert sich nach Gutdünken an der Metropolregion Rhein-Neckar. Ein starkes weiteres Kriterium ist der gemeinsame Dialekt. Wenn sich ein Ludwigshafener mit einem Lindenfelser kabbelt, ob es »richtig« kimmsch oder kummsch heißt, glaubt ein Hamburger, es müsse wohl um Biersorten gehen.

Dieses Buch ist subjektiv! Es zeigt Ihnen Wege zu ungewöhnlichen Orten, es erzählt Ihnen, wie Sie hinkommen. Ich habe den großen Vorteil, dass ich aus der Region stamme, aber seit einigen Jahren im »Ausland« lebe, daher ist der Blick vielleicht etwas offener für das, was wirklich anders ist.

Viel Spaß beim Lesen!

111 Orte

1 Das 13-eckige Haus

In Unfertigbauweise

Jeder ist seines Glückes Zimmermann. Den, der seines Glückes Schmied ist, findet man, wenn man in Ober-Abtsteinach die Neckarstraße ein wenig den Hügel hinauffährt.

Viel christlicher kann ein Ortsname nicht klingen als der der Gemeinde Abtsteinach: Ober-Abtsteinach. Und so meint man, eine Erscheinung zu haben, wenn man von Mackenheim aus die gewundene Straße hinauffährt und in Erwartung eines Ortes dann *das* vorfindet.

Der Baumeister, Erbauer und Bewohner heißt Bruno Plaha und wohnt hier mit seiner Familie. Der Grundbau ist 25 Jahre alt, Plaha verändert ihn aber ständig. Haus *in progress* sozusagen. Auf die Frage nach der Anzahl der Räume muss der glatzköpfige Plaha wirklich nachdenken und zählen. Oben im eigentlichen Wohnbereich sind zurzeit vier Räume, das Erdgeschoss ist ein großer, der formal ein Büro ist, aber auch Elemente eines loungigen Wohnzimmers aufweist. Nicht gerade das, was man traditionelle Odenwälder Bauernkultur nennt. Der Mann lacht ein freundliches Kater-Karlo-Lachen und weiß genau, dass er für das, was er hier gebaut hat und immer wieder neu baut und umbaut, in einer größeren Stadt keine Genehmigung bekommen würde.

Man kann von Plaha nicht erwarten, dass er jeden Besucher in seine Privaträume einlässt. Aber auf die Frage, ob er etwas dagegen hätte, wenn vor seinem Haus künftig täglich die Touristenbusse hielten, lachte er. »Nää, imma her demit!«

Sein Handwerkerkollege in derselben Straße etwas den Hügel hinauf ist Schmiedemeister, ließ sich von dem Mut – aber auch dem Werbeeffekt – inspirieren und tat es ihm halb nach, in Metall. Aber eben nur halb. Doch auch dessen Haus ist kein Entwurf von der Stange.

Hinweis: Dass das Haus 13 Ecken hat, als das Foto entstand, muss nichts heißen. Diese Zahl ist veränderlich.

Adresse Hardbergstraße 76, 69518 Abtsteinach-Ober-Abtsteinach | **ÖPNV** Weinheim Bahnhof, Bus 681 bis Abtsteinach-Ober-Abtsteinach | **Pkw** B 38, Weinheim, durch Gorxheimertal durch, am Ende der Straße an der T-Kreuzung links | **Öffnungszeiten** Verhandlungssache | **Tipp** Die kurvenreiche, gewundene Auto-Strecke durch den Oden-wald nach Mackenheim lohnt sich, denn die Umgebung ist wirklich dunkel, verwunschen und schwer zugänglich, obwohl man noch gar nicht weit von Weinheim entfernt ist.

2 Das Kelterhaus
Kirche, Krünzeug, Kaltgetränke

Das alte Kelterhaus liegt am äußersten Zipfel des Örtchens, das am äußersten Zipfel der Kurpfalz liegt. Doch der Weg lohnt sich.

An diesem Ort kreuzen sich die Geschichten der Betreiberin und der alten Mauern. Christiane Fischer verließ nach dem Mauerfall ihr heimatliches Erfurt und verbrachte zunächst zehn Jahre in München, »aba sprachlich is da nix hängengebliem«. Die Liebe zog sie dann nach Rheinhessen. Doch was soll eine ehemalige OP-Schwester in einem flauschigen Weinörtchen tun? Sie fand mit dem damaligen Gatten ein von bedrohlichen Brombeerhecken überwachsenes Gebäude mit Kirchenfenstern darin, hinter dem Ortsausgang, hinter der Schule, kurz vor dem Ende der Welt.

Das Kelterhaus wurde schon 1732 gebaut. Im Jahr 1860 besaßen zwei Brüder das am Hang liegende Gebäude, einer Winzer, einer Pfarrer. Als der Pfarrer für seine Kirche neue Fenster brauchte, schenkte er seinem Bruder für die Gaststätte die alten Fenster. Wer nun zu Fuß auf die Weinberge zuging, glaubte, eine Kirche zu sehen, fand aber Wein statt Messwein. So geht Marketing à la 19. Jahrhundert.

Christiane Fischer befreite das Gebäude vom wilden Wuchs und eröffnete einen Pflanzenhof mit Setzlingen und allem, was Gartenfans so brauchen. Als sie im Rahmen einer Veranstaltung – dem »Rheinradeln« von Oppenheim nach Worms – sich breitschlagen ließ, Getränke auszuschenken, wurde dies zu einem so großen Erfolg, dass die Idee einer ständigen Gastwirtschaft sich zwingend aufdrängte.

Der Pflanzenhof läuft weiter, geht aber über in einen sehenswerten Biergarten mit Kruschtl aus der Winzerfolklore, der bei Bedarf auch mal nach 22 Uhr noch betrieben wird, wenn auch »im Flüstergang«. Die Nachbarn haben nichts dagegen, schließlich sind sie beide Winzer und beliefern das Kelterhaus. Nicht verpassen: den mit einem Holzofen beheizten Gewölbekeller mit Grafiken von Burschenschaften, die sich hier im 19. Jahrhundert die Schädel einschlugen. Dazu Pfälzer Küche, erschwinglich, ab und zu Gratiskonzerte.

Adresse Außerhalb 7, 67577 Alsheim | **ÖPNV** Regionalbahn von Worms Hauptbahnhof bis Bahnhof Alsheim | **Pkw** B 9, Alsheim abfahren, der Hauptstraße folgen, Schulstraße rechts, Außerhalb links | **Öffnungszeiten** Mi – Sa ab 17 Uhr, So ab 11 Uhr | **Tipp** Die Kirche St. Bonifatius im Kellerpfad verfügt über einen sogenannten »Heidenturm«, eine orientalische Turmform aus der Zeit der Kreuzzüge.

3__Autovision
Abteilung begehbare Hobbys

Ein Bastlerparadies. Wer fragt »Was ist das, was soll das, wer braucht das?«, fragt falsch. Werner Schulz backt das kleinste motorisierte Brötchen, indem er der Welt eine Dauerausstellung über den Wankelmotor schenkt. Andererseits dreht er am richtig großen Rad und orakelt über Visionen der Mobilität. Wenn Liliputismus und Größenwahn so nah beieinanderliegen, sollte man sich das nicht entgehen lassen. Doch der Reihe nach.

Die Autovision, das schönste Museum in ganz Altlußheim, ist zunächst einmal *nicht* vom Renngedröhne im nahen Hockenheim inspiriert, ganz im Gegenteil interessiert sich Ingenieur Schulz kein bisschen für die Werbeveranstaltung Formel 1. Immerhin stehen hier zumindest in Nachbildung auch zahlreiche Zweiräder, eine Draisine, Motorroller, ein Raketenauto.

Vor allem aber beschäftigt sich der Unternehmer Schulz mit Motoren, und man darf unterschlagen, dass die meisten Motoren nicht mobil machen, sondern Mixquirle und Saftpressen und Handföhne antreiben.

In seiner Jugend fuhr Schulz Bergrennen, gewann auch Pokale, und er besteht darauf, kein Oldtimermuseum zu leiten. Alles ist da, Hybridmotor, Wasserstoffzellen, Hochräder. Wie für alle Museen dieser Art gilt, man halte sich an die plusternd schwadronierenden Rentner und Techniker, die sich gegenseitig mit Wissen über das Ausgestellte übertrumpfen.

Ausnahmsweise gibt es auch für Kinder etwas zu tun, jedoch sind die Unmengen an dicht bedruckten Lehrtafeln von keinem Menschen dieser Erde alle lesbar. Na ja, auch ein Superlativ. Eben wie »weltgrößte NSU-Ausstellung«.

Hat die Kurpfalz nicht nur Auto, Traktor und Draisine erfunden, sondern sogar das Rad? Am Ende gar den Schuh? Könnte sein, denn in der Hauptstraße vor dem silberglänzenden Museum gilt Tempo 30, und Werner Schulz findet das gut!

Adresse Hauptstraße 154, 68804 Altlußheim | **ÖPNV** Bus 717 bis Haltestelle Altlußheim, Quelle | **Pkw** A 5 Richtung Karlsruhe, Ausfahrt Walldorf/Wiesloch, Richtung Reilingen | **Öffnungszeiten** Do–So 10–17 Uhr | **Tipp** Wer Lust auf noch mehr Museum hat, findet in der Schulstraße 1 das ebenfalls private Schnuteputzers Friseurmuseum, es ist aber nur jeden zweiten Sonntag im Monat von 10–12 Uhr geöffnet.

4__ Der Lokschuppen
Abgedampft

Dieses Gebäude war keine Scheune, dafür bräuchte es keine großen Fenster. Es war auch kein Stall, dafür müsste es nicht so hoch sein, und dies war schon gar keine Kirche, denn dann gäbe es wohl irgendwo ein Kreuz. Da die Überschrift Lokschuppen heißt, wird es wohl ein Lokschuppen sein.

Viele, viele tausend Autos fahren jeden Tag vorbei, aber eine Lokomotive wird nicht mehr kommen, da kann der alte Schuppen lange warten. Hier gibt es keinen Eisstand, keine stündlich gereinigten Toiletten und schon gar keine Ansichtskarten. 1873 hatte der bayerische Verwaltungssitz in der Pfalz, Speyer, die Idee, zur industrialisierten Welt gehören zu wollen, und wurde per Bahn und Brücke an Heidelberg angebunden. Um weiter die Rheinschifffahrt zu ermöglichen, baute man zunächst eine Schiffbrücke, die man ein- und wieder ausfahren konnte. Elegante Sache.

Der Ortsname Lußheim bezieht sich übrigens auf eine unbekannte Person mit dem fränkischen Namen Lusso oder die Wörter für Sumpf, Riesgras oder Fischwasser. In Lußheim bremsten die Züge am »Hauptbahnhof« Lußheim, ein »Haupt«, das sich auf einer Ebene bewegt mit »Hauptstadt« von San Marino. Im Gebiet gab es Gewerbe, also hielt die Bahn. 1938 wurde eine richtige Rheinbrücke gebaut, und die hauchte 1945 ihr Leben schon wieder aus. Der Bahnverkehr über den Rhein wurde an dieser Stelle nicht wieder aufgenommen, und auch der Güterverkehr wurde 1954 eingestellt. Und so wurde aus dem schmucken Gebäude ein Dämmerschuppen.

Wenn man sich heute an den Fenstern hochzieht, sieht man sehr deutlich, dass es nichts zu sehen gibt. Die Gemeinde Altlußheim lagert in seinem Inneren alte Verkehrsschilder sowie allerlei Absperrgerät für Baustellen. Auf Anfrage bestätigte die Gemeinde nicht, dass sie mit dem Schuppen irgendetwas vorhat. Schön wäre schon, wenn hier mal wieder eine Lok zu sehen wäre, aber zugegeben, kein allzu einfaches Unterfangen, so ganz ohne Schienen.

Adresse Lußhof 4, 68804 Altlußheim | **ÖPNV** Bus 717 bis Altlußheim, Haltestelle Lußhof/Rheinbrücke | **Pkw** B 39 Richtung Speyer beziehungsweise Reilingen | **Tipp** In Neulußheim in der St.-Leoner Straße 8 findet sich das einzigartige Turmuhrenmuseum, und statt der eingeschränkten Öffnungszeit jeden Mittwoch 16–18 Uhr empfiehlt sich der Termin nach Absprache unter Tel. 06205/397780.

5 Die Jupitersäule

Eine Blumenpräsentationssäule oder: Historiensperrmüll

Die Odyssee lautet samt aller historischer Vermutlichs und Eventuells wie folgt: Römische Soldaten wollten sich im kalten, zugigen Germanien von ihrem Obergott Jupiter beschützen lassen und errichteten ihm vorsorglich eine Säule. Als nun eine neue römische Einheit aus dem Gebiet des heutigen Ungarn anrückte, die bereits christlich glaubte, entsorgte sie das für sie abergläubische Symbol. In den 1920er Jahren gruben Historiker und Archäologen nach dem Römerkastell und fanden ein abgebrochenes Stück dieser Jupitersäule.

Es betrat eine schillernde Person, die nur zufällig den Nachnamen des Verfassers dieses Buches trägt, die Bühne: Ignatz Baumann war ehemaliger Feuerwehrkommandant, Heimatforscher, besaß eine Dampfziegelei und wurde als Spitzenkandidat der »Parteilosen Wähler« Altriper Bürgermeister. Kein Wunder, dass man so einem die Jupitersäule einfach schenkt, schließlich leitete Ignatz stellvertretend auch die Grabungen.

Die Säule ging an seine Tochter Edelgard Rex, die den alten Römerbrocken erst an der Bezirksstraße lagerte. Als die Pferdeliebhaberin den Rexhof gründete, verfrachtete sie auch die Säule dorthin. In ihrem Testament verfügte Frau Rex, die Säule solle nach ihrem Tod auf dem Areal des ehemaligen Kastells stehen. Vielleicht ist das abgebrochene römische Denkmal nach Erscheinen dieses Buches inzwischen dorthin gelangt. In den 13 Jahren davor war dies jedoch nicht der Fall.

Heute wird die Gaststätte »Zum Rexhof« samt Biergarten von Rita Kelly betrieben und bietet durchgehend gutbürgerliche Küche. Der Grillhüttenbauer, der 2011 die Grillhütte direkt daneben baute, bekam vom gegenwärtigen Rexhof-Inhaber Alexander Islinger gesagt, er solle »ja gut auf das Ding aufpassen, dass da bloß nix drankommt!«. Und bislang ist nichts drangekommen an die historischste Blumenpräsentationssäule der Kurpfalz.

Adresse In den Jägerwiesen 1, 67122 Altrip | **ÖPNV** Bus 570, Haltestelle Weißes Häus'l, 30 Minuten Fußweg | **Pkw** B 9, Richtung Speyer, Abfahrt Altrip, Ortsumgehung nehmen, Schild »Rexhof« folgen | **Öffnungszeiten** Gaststätte Di–So 10–22 Uhr | **Tipp** Die Autofähre und der im Grünen gelegene Biergarten an der Anlegestelle bieten einen atemberaubenden Blick auf das Großkraftwerk Mannheim auf der anderen Rheinseite, dessen in den 1990er und 2000er Jahren entstandene neue Blöcke die Anlage fast doppelt so groß haben werden lassen.

6 _ Das Gradierwerk
Das senkrechte Meer

Hier begegnet man seltsamen Wörtern. Das Quellwasser ist entarseniert, dazu setzt man neuerdings auch einen Plattenschrägklärer ein. Auf dem Reisig lagert sich Dornstein ab …

Doch der Reihe nach: Man entdeckte die Salzquellen im späten Mittelalter. Seit rund 300 Jahren lässt man in Dürkheim das Salzwasser über Schwarzdornbüschel rieseln und nennt es Freiluftinhalatorium. Ende des 18. Jahrhunderts wurden mehrere Salinen durch einen Orkan beschädigt. Zwischenzeitlich vernachlässigten die französischen Besatzer die Anlage gründlich, die dann Mitte des 19. Jahrhunderts wieder aufgebaut wurde. Ende des 20. Jahrhunderts zündeten Brandstifter die Saline an. Gerade wieder aufgebaut, stand sie prompt Anfang des 21. Jahrhunderts schon wieder in Flammen. Sind diese Dürkheimer eigentlich Verrückte? Wenn man das neue Aussichtstürmchen oben sieht, das auf Druck der Versicherung nicht genutzt werden darf – Brandgefahr! – muss man sagen: natürlich!

In der Version von 2010 besteht das nicht ganz heimliche Paradestück der Anlage aus dem Fotovoltaikdach. Um die feiste Zahl von jährlich eine Viertelmillion Kilowattstunden irgendwie greifen zu können, sagt man den Besuchern, man könne damit über die gesamte Dauer den Dürkheimer Wurstmarkt mit Saft beliefern. Man stelle sich einen amerikanischen Dolmetscher vor, der seiner Reisegruppe vorprahlt, dass dies genug »energy for the sausage market« sei.

Aber was fasziniert in Wahrheit sowohl Kurgast als auch Herumschlenderer an der sündhaft teuren Gesundheitsanlage, für die man sich Regenmäntelchen leihen kann, wenn man sich für 1,50 Euro mit salzigem Dunst besprühen lässt? Zum einen sind es die fühlbaren Elemente: Holz, Wasser, Salz, Sonne. Zum anderen steht man als Besucher vor einem Gebilde mit 333 Metern Länge (damit man sich die Zahl besser merken kann, wirklich wahr), und ob es schön ist oder blöd oder zu teuer, eines ist es mit Sicherheit: ein verdammt massiver, riesengroßer, superdicker Brocken.

Adresse Kurbrunnenstraße, 67098 Bad Dürkheim | **ÖPNV** Straßenbahn 4, Haltestelle Bad Dürkheim, Bahnhof, 10 Minuten Fußweg | **Pkw** A 650, Ausfahrt Bad Dürkheim. Parkplätze sind in großer Zahl direkt neben dem Gradierwerk auf dem Wurstmarktgelände vorhanden. | **Öffnungszeiten** täglich 10–17 Uhr im Winter, 10–20 Uhr im Sommer | **Tipp** Das sechs Kilometer entfernte Weinörtchen Freinsheim bietet alles, was man von Bad Dürkheim erwartet, ist aber nicht ganz so überlaufen.

7_Der Bismarckturm
Ääääner aus de Konn

In dieser Gegend der Bergstraße dominiert sonnenverwöhntes Bürgertum, das beruflich nach Zahnarzt riecht und privat nach Cabrioplastik. Man bekommt unweigerlich Wind davon, wenn man sich über Zell herantastet. Es ist der Hemsberg, und gemäß den gestrengen teutschen Regeln, wann was sich Berg nennen darf, mitnichten ein solcher. Berge sind mindestens 300 Meter hoch, und dieses Etwas hier misst 262. Das reicht nicht, es müsste also in Hemshügel umgetauft werden. Sei's drum.

Auf dem knapp halbstündigen steilen Fußweg nach oben passiert man das Weingut Mohr mit der Marketingidee des neuen Jahrtausends. Es bietet »Hörweinproben« auf CD an, mit allem, was womöglich wissenswert ist über die hiesigen Weine, Böden und, na immer, das Weingut. Drei verschiedene CDs gibt es, aber wirklich anspruchsvolle Genießer warten auf die »Riechwein-App« fürs Smartphone.

Der Aufstieg ist schön, kurz und schweißtreibend. Doch die halbe Stunde lohnt sich – wie fast überall an der Bergstraße –, wenn man gewillt ist, vom Schwitzen sofort auf eine geradezu zwingende Entspannungsatmosphäre umzuschalten. Wenn Türme so niedrig sind, steigt man am besten langsam hinauf, dann wirken sie höher. Das Gebäude selbst ist nicht unbedingt imposant, viel eher die Tatsache, dass es demokratisch gleichmäßig mit naturbelassenem Eulenkot besprenkelt ist. Wenn die Tiere brüten, ist der Zugang allerdings gesperrt.

Der Turm von 1901 war nie etwas anderes als heute, ein Ort zum Rumgucken, auf Strahlenburg und Schloss Schönberg, zum sich hinsetzen und Getränke trinken. Schon damals gehörte er dem Odenwaldklub, der ihn heute noch besitzt. Die Pacht betreibt seit 40 Jahren dieselbe Familie, und das ist gut so, denn das alte Paar käme nicht auf die Idee, Proseccobrause auszuschenken. Hier gibt es Weinschorle, und zwar prima gemischte. Die danebenstehende Kaffeekanne – siehe Überschrift! – enthält den hausgebrannten Schnaps der Saison, mal Brombeerschnaps, mal Apfel, was gerade da ist. Lecker allemal.

Adresse Hemsberg, 64625 Bensheim | **ÖPNV** Regionalbahn, Haltestelle Bensheim Bahnhof | **Pkw** B 3 führt durch Bensheim durch, im Kreisverkehr Richtung Innenstadt, Heidelberger Straße, rechts Arminstraße | **Öffnungszeiten** sonntags bei schönem Wetter so ungefähr bis zum Sonnenuntergang | **Tipp** Die Ruine des Schlosses Auerbach ist jeden Tag von 10–17 Uhr geöffnet und vermittelt ein lebensnahes Rittergefühl wie kaum eine andere Burg in der Gegend.

8__IBB

Funky

Die Masten sind schon von Weitem sichtbar, man muss nur zu Fuß einen kleinen Spaziergang machen über die Felder Richtung Restaurant »Jägerhof«. Da der Weg asphaltiert ist, geht dies auch bei schlechtem Wetter, was andererseits unzweckmäßig wäre, da man im Regen nicht sieht, was es hier zu sehen gibt. Es sind über 20 Masten der FREIHEIT.

Unwillkürlich beschleicht einen das Gefühl, etwas Verbotenes zu tun, wie so oft im Dunstkreis der amerikanischen Armee. Wird geschossen, liegen hier Minen, darf man fotografieren? Doch das ist nicht das Ende der Fragen.

Man geheimnist ein wenig herum, welche Radiosender vor allem über Kurzwelle hier ausgestrahlt werden. Es dürfte sich um Radio Free Europe/Radio Liberty sowie Voice of America und eventuell auch BBC handeln.

Als in den 1980er Jahren Babyphons aufkamen, erschollen russische Wortkaskaden plötzlich in vielen elterlichen Wohnzimmern. Es dauerte eine Weile, bis man herausgefunden hatte, wie man die Geräte entstörte, um nicht mehr die amerikanischen Propaganda-Nachrichten für die »unfreie« Sowjetunion zu hören zu bekommen, wenn man sich doch viel mehr für ein gleichmäßig atmendes Kind interessierte.

Wie lange die gewaltigen Masten hier stehen werden, ist unklar, jedenfalls hängt ihr Vorhandensein nicht direkt mit der An- oder Abwesenheit der US-Armee zusammen. Der höchste Mast misst laut IBB-Auskunft etwa 120 Meter – zum Vergleich: zweimal der Mannheimer Wasserturm übereinander. Man beachte natürlich das Schild »Beeinflussung besonders störempfindlicher Herzschrittmacher möglich«.

Die Anlage selbst ist naturgemäß nur unter sehr speziellen Bedingungen begehbar, aber rein privaten Funkamateuren wurde zum Beispiel 2010 ein Besuch gestattet.

Adresse Außerhalb 10, 68647 Biblis | **ÖPNV** Bahnhof Biblis, dann 3 Kilometer Fußweg | **Pkw** von Einhausen die L 3111, dann links auf die L 3261, Richtung Biblis, an der neuen Verkehrsinsel parken | **Öffnungszeiten** Termin unter Tel. 06245/900-431 vereinbaren | **Tipp** Zwischen Lampertheim-Neuschloss und Lampertheim-Hüttenfeld liegt die zweite Sendestation, unübersehbar von der Straße aus ragen die Masten über die Baumwipfel.

9__Das Rathaus
Wenn Häuser heulen könnten …

Wer historische Architektur in gut erhaltenem Zustand sucht, dem kommen die Tränen. Wen sein Navi irgendwie nach Birkenau verschlagen hat, der freut sich sicher über das ungewöhnliche Gebäude aus dem Jahr 1552. 2010 sah sich der TÜV die ganze Sache an, und da es diese und jene Vorschrift für diesen und jenen Humbug gibt, hängen an der Außenfassade nun Schilder, die befehlen: »3m Abstand halten bei Gewitter«! Aber nur auf der Hui-Seite, nicht auf der Pfui-Seite. Die Diskrepanz zwischen Vorder- und Rückseite des Nicht-mehr-Rathauses würde einem Potemkin alle Ehre machen.

Im Inneren sind noch einige alte Balken erhalten. Das Erdgeschoss wird für allerlei Seminare sowie Veranstaltungen des Sozialverbands VdK genutzt. Oben logiert die Gemeindebücherei, deren schmale Öffnungszeiten sind dienstags von 10 bis 15.30 Uhr und donnerstags von 17 bis 19 Uhr. Statistisch leiht jeder Birkenauer jedes Jahr genau einmal ein Buch. Man muss sich immer wieder bücken, also war die Treppe in früheren Zeiten nicht umsonst an der Außenfassade angebracht, was sich andeutungsweise noch erkennen lässt.

Früher! Daraus besteht das Birkenauer Rathaus in erster Linie. Früher war im Erdgeschoss eine Markthalle, früher war das Fachwerk jahrelang unter Putz, früher saß im Rathaus der Schultheiß, früher war nicht alles besser, denn früher fror man hier drin und hatte kein Klo. Erst ab dem frühen 18. Jahrhundert. Und früher war im Obergeschoss ein Gefängnis, und der heutige Mensch erträgt kaum den verbrecherischen Charakter der Birkenauer: Verurteilt wurden Menschen hier zum Beispiel wegen Ausschank des eigenen Weines statt des Herrschaftsweines, Nichtgrüßen der Konkubine des Fürsten, heimlichen Verscharrens von Tierkadavern, aber auch schwerster Verbrechen wie dem Diebstahl von Fischen und Krebsen. Einmalig war der Vorgang 1725, als mehrere Schweine auf fremde Grundstücke gelaufen waren, woraufhin das Zehntgericht der gesamten Gemeinde eine Strafe von fünf Gulden aufbrummte.

Adresse Obergasse 13, 69488 Birkenau | **ÖPNV** Regionalbahn, Bahnhof Birkenau | **Pkw** B 38, Richtung Fürth, Abfahrt Birkenau | **Öffnungszeiten** Die Öffnungszeiten sind obskur und Glückssache. | **Tipp** Das Café Mitsch im Nachbardorf Nieder-Liebersbach ist eine komplett kategoriefreie Mischung aus Seniorencafé mit Regionalküche und Irish Pub mit Livemusik, Nächstenbacher Straße 2a, geöffnet Di–Sa 14–24 Uhr, So ab 9.30 Uhr.

10__ Sonnenuhren-Overkill
Zeit, los!

Birkenau nennt sich ernsthaft »Dorf der Sonnenuhren«, über 100 sollen es sein. »Lerne eh die Zeit vergeht, solang die Sonn' am Himmel steht, Du siehst an ihres Schattens Spur, sie eilt dahin. Drum sput Dich nur.« Sonnenuhrenbeschrifter haben offenbar das Recht zu faseln. Soll heißen: Die Zeit rast, ras halt mit! Wer auf die Idee kommt, so etwas an ein Schulgebäude zu malen – ganz recht, die Sonnenuhrenschule! –, hätte womöglich mehr Schatten gut vertragen können. Findet auch ein anderer lokaler Sonnenuhrbeschriftungspoet, der dagegenhält: »Gott schuf die Zeit, von Eile hat er nichts gesagt.«

»Die Sonn' schenkt Licht u. Wasser Dir, die HEAG aber sorgt dafür, dass nach des Tages Müh u. Last Du auch im Haus die Sonne hast!« Das zweifache »u.« ist so original. Und »HEAG«? Auch das ist original. Im original herumhistorisierenden Stil ziert dieser Text eine gemalte Schriftrolle an der Wand eines Wirtschaftsgebäudes neben dem Birkenauer Schloss. HEAG heißt hier ein Energieversorger.

Den Höhepunkt im selbst gekrönten »Dorf der Sonnenuhren« bildet ein metallenes Gebilde irgendwo zwischen Kart-Lenkrad, Haushaltsgerät und Space-Donnerbalken: eine Präzisionssonnenuhr! Mit Erklärtafel: »Durch die ellipsenförmige Bahn der Erde um die Sonne und die Schiefe der Ekliptik (Neigung des Erdäquators gegen die Erdbahnebene: 23,5 Grad) zeigen alle normalen Sonnenuhren im Lauf des Jahres gegenüber der Normalzeit Unterschiede bis zu einer Viertelstunde an.« Einleitung, Hauptteil, Schluss, alles da!

Gegenüber steht ein Gebäude neben Hausnummer 2, muss also die 0 haben, ergo muss hier die 1 sein. Gegenüber ist außerdem ein »Wein-Center«, also muss hier die »Freu-Ecke« sein. Neben Gedenkstätten zu den Weltkriegen, neben der Weschnitzbrücke und einem stilfreien Brunnen von 1960 thront die zeitkorrekte Sonnenuhr in der gefühlten Ortsmitte Birkenaus. So müht sich der Odenwälder im ersten Ort nach dem Tunnel zur Wildnis, Kultur zu demonstrieren. Schön macht er das.

Adresse Präzisionssonnenuhr, Hornbacher Straße 1, 69488 Birkenau | **ÖPNV** Regional-
bahn, Bahnhof Birkenau | **Pkw** B 38, Ausfahrt Birkenau, mitten in den Ort | **Tipp** Der
Schlosspark Birkenau – an der Hauptstraße – verströmt eine leicht melancholische, mor-
bide Schönheit, das Schloss selbst wird rein privat genutzt.

11 Der Littersheimer-Hof
Speaking the unspeakable

Bobenheim-Roxheim besteht historisch aus drei Kernsiedlungen aus dem 6. Jahrhundert, namentlich die Höfe Roxheim, Bobenheim und Littersheim. Erhalten ist der Littersheimer-Hof, allgemein auch Nonnenhof genannt. Und noch einmal: Der Blick reicht auf das 6. Jahrhundert, als die Franken sich niederließen.

Der heutige Besitzer lehnt nicht die Bedeutung seines Hofes ab, er lehnt es lediglich ab, eine bestimmte Form des Service-Tourismus zu betreiben. Aus Angst vor Reisebussen, denen Menschen entsteigen, die so wenig wie der Autor dieses Buches ahnen, wieso der »zweieinhalbgeschossige Krüppelwalmdachbau« die Experten mit der Zunge schnalzen lässt.

Ganz klar: Auch wenn ein Hoftor zufällig gerade offen steht, gibt dies nicht das Recht, privates Gelände zu betreten. Wieso dieser Hof dennoch hier genannt wird? Gerade weil er nicht museal verglitzert ist, weil hier nirgends ein Red-Bull-Schirm steht. Ab und zu fragen Spaziergänger, was für Gebäude hier stehen. Und wenn der Hausherr Zeit hat, gibt er Auskunft. Oder das alte Paar, das auf dem Hof wohnt. Mit dem Auto darf man sowieso nicht so weit fahren, es muss an der Hauptstraße stehen bleiben, oder an der Von-Heyl-Straße.

Der Hof besteht aus einer Reihe von Gebäuden in bemerkenswerter Erhaltung, einem Brunnen, dem mächtigen Hoftor und einer … Atmosphäre. Er liegt außerhalb des Ortes und scheint in jeder Hinsicht nicht zu dem Paradeschlafdorf Bobenheim-Roxheim zu gehören. Der Garten wird von einer mittelalterlichen Mauer umgeben, die zum Forsthaus führt, etwa 1869 gebaut. Dieses ist auf der Ruine der kleinen Littersheimer Kirche erbaut, die »durch Blitzstrahl« zerstört wurde.

Wenn ein Hof auch heute noch wie ein Hof bewirtschaftet und nicht von bunten Scheinwerfern wie eine Disneyfigur angestrahlt wird, kann man darüber nur staunen und möglichst dafür sorgen, dass es so bleibt. Ein Ort in der Kurpfalz, den man gesehen haben muss.

Adresse Littersheimer Weg, 67240 Bobenheim-Roxheim | **ÖPNV** Züge Richtung Worms, Bahnhof Bobenheim, 2 Kilometer Fußweg | **Pkw** B 9, Richtung Bobenheim–Roxheim am Flugplatz vorbei, links auf die L 523, links in den Littersheimer Weg | **Tipp** Gleich östlich von Bobenheim-Roxheim am Silbersee wird Naherholung komplett geboten, spazieren, schwimmen, segeln.

12___Die Ortsrufanlage
Seid ihr alle da?

In ganz Baden-Württemberg ist sie eine der letzten erhaltenen. Und sie wird nicht aus Nostalgie erhalten. Die Waldhausener finden sie gut. Und ihr Ortsvorsteher, das ist der Herr Weber, Dieter Weber, der findet sie auch gut. Man könnte meinen, gleich fahren junge Leute in Petticoats und Röhrenjeans um die Ecke und heißen Sandy und Tommy.

Zweimal die Woche hat Ortsvorsteher Dieter Weber Sprechstunde für alles, was anfällt. Wenn etwas anfällt. Er spielt eine Schallplatte ab, in der dreimal die Fanfare aus Capriccio von Tschaikowsky erklingt. Schmalz? Mehr als das: Es ist eine Schallplatte mit Melodien für Ortsrufanlagen.

Montags und donnerstags hält Weber seine Sprechstunde ab, und im Bedarfsfall sagt er direkt im Anschluss durch, was es Neues gibt bei den 500 Einwohnern plus Senioren im Caritas-Wohnheim. Vereinsdurchsagen sind Standard. Falls jemand stirbt, wird bekannt gegeben, wann die Beisetzung ist, wann der Rosenkranz gebetet wird – ja, hier ist man katholisch. Weber teilt mit, wann der Schornsteinfeger kommt oder falls wegen eines Rohrbruchs in einer Straße mal das Wasser abgestellt wird. Auf Mitteilungen im Gemeindeblatt muss man eine Woche lang warten! Deswegen wurde die altertümlich scheinende Anlage mit den verkabelten Lautsprechern auch im Neubaugebiet verlegt, das in den 1990er Jahren entstand.

Einmal ist ein geistig verwirrter Bewohner des Caritas-Wohnheims verschwunden. Nachts um eins fand man ihn endlich, und Weber war froh, als er die gute Nachricht per Rufanlage durchgeben konnte. Aus Jux und Dollerei hat der Ortsvorsteher auch mal Bürgern zum runden Geburtstag gratuliert – per Rufanlage. Eine Ausnahme, natürlich! Nur: Was sagen Piratenpartei und Datenschutzfreunde dazu? Nichts. Solche Leute gibt es hier nicht. Der Ortsvorsteher würde es ja sonst bekannt geben.

Übrigens: Neben dem Rathaus ist eine Schmiede zu bestaunen, der Hausherr bosselt im Unruhestand noch etwas herum.

Adresse Landstraße 2, 74722 Buchen-Waldhausen | **ÖPNV** Bus 841, Haltestelle Wald-
hausen, Ort | **Pkw** B 27, auf L 520a, in Waldhausen erste Kreuzung links in die Landstraße |
Öffnungszeiten Mo, Do 17–18 Uhr | **Tipp** Die ein bis zwei Millionen Jahre alte Tropfstein-
höhle in Eberstadt ist von März bis Oktober täglich von 10 bis 16 Uhr geöffnet, die neu
entdeckte Hohle-Stein-Höhle nebenan ist weitaus größer, aber noch nicht für die Allge-
meinheit zugänglich.

13__Der Menhir
Ackergold

Eine hübsche Sage aus dem Ried geht so: Eines Sonntags hatte das
Bäuerlein gar keine Lust auf die langweilige Veranstaltung namens
Gottesdienst in der Kirche. Stattdessen, überlegte es sich, gehe ich
aufs Feld zum Arbeiten. Sagte es und tat es. Und als es so arbeitete,
bekam es zu spüren, wie Gott über die Sache dachte, dem durchaus
aufgefallen war, dass der Bauer den Gottesdienst schwänzte. Und
kraft seiner Allmacht verwandelte Gott den Bauer in einen Stein.
Und so blieb es. – In einer zahmeren Variante verwandelte Gott nur
einen Kartoffelsack in einen Stein. Welche Geschichte Sie lieber mögen, wissen wir nicht, aber dass es vor 4.000 Jahren geschah, das wissen wir. Und wo.

Motorisiert geht es von Bürstadt-Bobstadt nach Lampertheim-
Hofheim, sofort am Ortseingang nach den Bahnschienen links ins
Gewerbegebiet, in die Bensheimer Straße. Hier kann man parken.
Zu Fuß geht es nun an den Gleisen entlang, über die Gleise, über den
kleinen Wassergraben.

Jetzt hat man wieder die Ortsgrenze zwischen Hofheim und Bob-
stadt überquert. Zwischen dem zweiten und dritten Hochspan-
nungsmast am Feldrand steht er, der kleine Menhir. Er fällt auf, weil
der Bauer sorgsam um ihn herumsät und -mäht und -erntet. Der
Menhir ist nicht regelmäßig behauen, aber auch nicht naturbelas-
sen.

Wenn man über die Felder weitergeht, gelangt man zur Kläranlage, aber die mag nicht jeder. Besser ist es, hierzubleiben und den
Eindruck sacken zu lassen. Apropos: Wenn man den Menhir nicht
direkt findet, muss man nach dem »Sackstein« fragen, wie er auch genannt wird.

Die zweite Attraktion in Bürstadt ist die größte Dachfotovoltaik-
Anlage der Welt, mit einer Leistung von fünf Megawatt. Sie ist auf
dem Dach einer Spedition und hat erst 2009 gebrannt. Der Menhir
hat noch nie gebrannt. Er wird noch länger hier stehen.

Adresse für die Anfahrt Bensheimer Straße, 68623 Lampertheim-Hofheim, der Menhir steht aber in Bobstadt auf dem Acker | **ÖPNV** Regionalexpress, Bahnhof Bobstadt | **Pkw** Bahnhofstraße von Hofheim nach Bobstadt | **Tipp** Kurz vor der Weschnitzmündung finden sich im Wald die Reste des Zullesteins, auch Burg Stein genannt, die man erst nach dem Zweiten Weltkrieg entdeckte, ab Biblis-Nordheim rund eine halbe Stunde Fußweg zum Steiner Wald.

14 Das Beinhaus St. Ulrich
Leer

Deidesheim ist im Zentrum ein wenig verballermannt, in erster Linie zum Weinkosten angelegt.

Was etwas seltsam wirkt neben der spätgotischen Kirche St. Ulrich aus dem 15. Jahrhundert. Noch dazu neben dem kleinen Gebäude dahinter, das leicht übersehen werden kann, aber nicht sollte. Es ist ein Beinhaus.

Das Besondere an einem Beinhaus ist, dass in ihm Beine sind, nämlich Gebeine von Verstorbenen. Das Besondere an diesem Beinhaus ist nicht, dass in ihm Gebeine sind, sondern dass es existiert, obwohl in ihm keine Gebeine sind. Das Deidesheimer Beinhaus ist nicht nur das einzige leere Beinhaus der Pfalz, sondern das einzige Pfälzer Beinhaus überhaupt, und die Gemeinde Deidesheim freut sich darüber. So ist das hier.

Bis zum späten 15. Jahrhundert vergrub man Knochen aus aufgelösten Gräbern irgendwo in einer Ecke des Friedhofs an der Mauer, doch dieses Beinhaus ist ein Zeugnis eines anderen Umgangs beim Totengedenken. Man brachte fortan menschliche Überreste hierher.

300 Jahre lang stapelte man in Deidesheim die Knochen toter Deidesheimer. Bis im späten 18. Jahrhundert der örtliche Pfarrer sich sorgte, die Knochen könnten Krankheiten übertragen. Und er wurde tätig. Als pragmatischer Mensch ordnete er an, dass man das Gebäude von den Knochen befreite und künftig als Rumpelkammer und Holzlager nutzte. Dies änderte sich auch nicht, als die Stadt Deidesheim das Haus im Jahr 1860 als Eigentümerin übernahm.

Inzwischen fand das Beinhaus nach dem Krieg seine Würde wieder, schließlich wird hier der Toten des Ersten und Zweiten Weltkriegs gedacht. Heutzutage liegt es etwas im Schatten der Kirche, kann aber immerhin im Rahmen von Führungen besichtigt werden.

Adresse Kirchgasse 1, 67146 Deidesheim | **ÖPNV** Bahnhof Deidesheim, 10 Minuten Fußweg | **Pkw** A 65, Ausfahrt Deidesheim auf B 271, zweimal Linksknick, um auf der B 271 zu bleiben, dann rechts in die Stadtmauergasse, St. Ulrich liegt linker Hand. | **Öffnungszeiten** St. Ulrich täglich 8–20 Uhr | **Tipp** Keine Kirche ohne Kneipe – gegenüber dem Rathaus liegt sie, heißt »Zur Kanne« und rühmt sich, die älteste Gaststätte der ganzen Pfalz zu sein, mit Pächtern bis zurück ins Jahr 1374, davor war der Bau ein Zisterzienserkloster.

15__Die Westernkulisse
Tonlose Schüsse im Stummfilm

Es war eine sandige Gegend, über dem Fluss hatten sie Öl gefunden, und die kleinwüchsigen einheimischen Steinbrecher waren so freundlich wie tollwütige Kojoten ... Ganz klar, wir sind in Dossenheim.

200 Jahre lang wurde in Dossenheim der Stein aus dem Berg gebrochen. Lange Zeit bevorzugt für die Eisenbahn. Man machte Schotter damit, dass man Schotter machte.

Zwei Jahre lang aber mieteten aufstrebende Filmemacher das Gelände, um hier Western zu drehen, für die es eine wildromantische Kulisse brauchte, so wie man sich eben Amerika vorstellte. Die Kernzelle der Firmen lag in Schlierbach, die Firma Glashaus, die in den Jahren 1919 und 1920 Glanz und Glamour im Kleinformat nach Dossenheim brachte. Die Filme waren Groschenstoff aus der Stummfilmära mit zusammengeholperten Plots und kirmeshaften Darstellern.

Passend zu den Nachbarn in Heidelberg war und ist auch nach rund 100 Jahren, dass man sich 1919 sorgte, ob das Image von Heidelberg samt seiner Schlossruine (!) Schaden nehmen könnte.

Der Filmhistoriker Johannes Brauer befasst sich seit einigen Jahren mit ihnen, ausgegraben wurde das Thema aber bereits 1980 von Alexander Kluge. Das Betrachten der Werke, die teilweise auch im Maudacher Bruch entstanden, wird allgemein nur Filmforschern geraten.

Heute ist der Dossenheimer Steinbruch im Ruhestand, seit 2002 agieren hier nur noch Sicherheitsfirmen und im alten Steinbruch der Feldbogenverein Dossenheimer Steinbrecher. Den Waldweg über die Schriesheimer Straße Richtung Steinbruch Vatter hochzuspazieren, kann man jedoch bedenkenlos empfehlen. In den letzten Jahren wurden keine Funde von Platzpatronen aus der Vorkriegszeit mehr gemeldet, man kann also Hunde und Kinder von der Leine lassen.

Adresse Oberer Burggarten, 69221 Dossenheim | **ÖPNV** Straßenbahn 5, Haltestelle Dossenheim Bahnhof, 20 Minuten Fußweg | **Pkw** B 3, Ausfahrt Dossenheim bis Bahnhof-straße, Berg hoch | **Öffnungszeiten** ganzjährig | **Tipp** Jeden 3. Sonntag im Monat öffnet das Heimatmuseum im alten Rathaus in der Rathausstraße 47 von 14 bis 17 Uhr, hier wird der Steinbruchaspekt besonders herausgestellt.

16__ Das Dreiländereck

Such den Schlagbaum

Gehen Sie weiter, hier gibt es nichts zu sehen. Oder … schwimmen Sie weiter, rudern Sie weiter.

In großer Zahl sammeln, katalogisieren, bestaunen und lobpreisen engagierte Heimatforscher Grenzsteine. Der Grenzstein als Symbol für … na ja, Grenzen. In der BRD gibt es, wenn man die Stadtstaaten beiseitelässt, eine Menge Bundesländergrenzen, aber Dreiländerecke gibt es nur ein Dutzend, plus einem einzigen in der Kurpfalz. Hier aber steht kein Grenzstein.

Ungeachtet der Symbolkraft des Ortes hat der Rhein üppige Mengen Treibgut angespült, woraus spielende Teenager Installationen anfertigen wie: Helm auf Stock neben leerem Ölfass und Bierkasten. Dosen, Flaschen, Tüten, Kleidung, alles ist gründlich gewaschen und gebleicht von Wasser und Sonne und vielleicht von Einleitungen der BASF.

Ringsumher herrscht Wildnis. Abends feiert hier immer wieder die Dorfjugend, und da aus Mangel an Masse die Kirschgartshausener Dorfjugend freigesprochen wird, wird es wohl die Lampertheimer sein. Offiziell gilt das verkrautete Gelände zwischen Rheinufer und Acker als Naturschutzgebiet, das vom Damm aus in einer Viertelstunde zu Fuß erreichbar ist.

Mit etwas gutem Willen kann man sich rechtliche Problemfälle ausmalen, in denen gerangelt wird, ob Behörden aus Rheinland-Pfalz, Baden-Württemberg oder Hessen ranmüssen. Und wer ist da zuständig? Bis Kilometer 436,66 die Mannheimer, nördlich davon sind die Gernsheimer verantwortlich, linksrheinisch natürlich die Ludwigshafener.

Dazu müsste sich aber ein Vorgang mitten im Rhein abspielen. Wenn es Dreck ist, wird jeder sich drücken wollen. Also müsste schon etwas sehr Wertvolles gefunden werden, sagen wir, ein antiker Goldschatz vielleicht, an dessen Existenz niemand mehr glaubt. Dieter Wedel, übernehmen Sie.

Adresse Der hohe Weg zum Rhein, 68307 Mannheim-Kirschgartshausen | **ÖPNV** Bus 52, Haltestelle Kirschgartshausen | **Pkw** B 44, Ausfahrt Kirschgartshausen, den Damm entlang | **Tipp** In den Coleman-Barracks in Mannheim-Sandhofen am Viernheimer Weg ist seit 2004 die Zentrale des militärischen Radiosenders AFN Europe untergebracht, was selbst vor Ort wenig bekannt ist. Das US-Militärgelände – samt Kirche, Flugplatz und Theater – ist planmäßig ab 2015 begehbar.

17__Der letzte Wolf
Wildruhe!

Der letzte Wolf des Odenwalds. Er war kein Problemwolf, er hatte keinen Spitznamen, und es gab keine grobpixeligen Fotos in der Bild Rhein-Neckar. Er war ein Wolf, und so einen erschoss man. Hinterher war man froh, trank einen Schnaps oder zwei und feierte den Rest des Tages, so lange bis eine Heldengeschichte daraus geworden war.

Ob ein Wolf 1866 noch eine Bedrohung für den Menschen darstellte, darf man heute vorsichtig bezweifeln, allerdings mussten einige Schafe dran glauben. Schwer zu sagen, ob man heute noch einfach mit der Knarre draufhalten würde, wo beispielsweise in Brandenburg eine eigene Wolfsbrücke über die Autobahn gebaut wurde, um eventuell vorbeistreunenden Tieren eine gefahrlose Überquerung zu ermöglichen.

Wölfe waren im Odenwald schon seit dem 18. Jahrhundert ausgerottet gewesen, und der Schrecken saß so tief, dass man eine beispiellose Treibjagd veranstaltete: Sage und schreibe 2.000 (in Worten: wirklich zweitausend!) Wolfsjäger aus den Gebieten um Mosbach, Wertheim und Miltenberg stiefelten 1864 durchs Gelände. Ohne Erfolg. Erst zwei Jahre später hatte eine kleinere Treibjagd, mit etwa 150 Tötungswilligen, Erfolg. Es erscheint wie ein Symbol, dass der Wolf erst angeschossen wurde und sich noch einen Tag durch den Wald schleppen konnte. Und als er am nächsten Tag erlegt wurde, war es auch noch ein Beamter, der die Flinte auf ihn anlegte. Längst ist das tote Viech ausgestopft und wird auch schon mal als Anschauungsstück zu einem Vortrag gekarrt, residiert aber im Alltag im Eberbacher Heimatmuseum.

Im Jahr 2000 wurde im Wald an der Stelle, wo der tödliche Schuss fiel, ein Gedenkstein(!) enthüllt. Man spielte Jagdmusik vom Band und hielt Reden. Der Initiator der Aktion war der Eberbacher Lions Club, der Club der Löwen. Übrigens: Im Jahr 2009 erschoss man in Eberbach vorsichtshalber ein verwildertes Schaf. Womöglich war es nicht entwurmt.

Adresse Wolfsweg, 69429 Eberbach | **ÖPNV** Bus 821, Haltestelle Unterdielbach, Wolfs-schlucht | **Pkw** B 37, Ausfahrt Eberbach, L 590, dann L 524 bis Unterdielbach, Grenzweg rechts | **Tipp** Nicht nur das Wappen ziert ein Eber, in der ganzen Stadt wimmelt es von spontanen Schweinedarstellungen, als Skulptur vor einem Hotel, als Brunnenfigur, auf Torten, Geschenkartikeln und in Metzgereiauslagen sowieso.

18_ Die Sträucherallee
Fremdenführer-Futurefonds

Im Pädagogenschwulst brabbelt es »Lernort Natur« und »Offenlandcharakter«, aber vielleicht dienen manche Sprachausscheidungen ja als Dünger?

Die frei galoppierenden und ungehindert äpfelnden Amtsschimmel entstammen Landesjagdverband, Naturland-Gesellschaft, Stadt Eberbach mitsamt dem Naturpark Neckartal-Odenwald.

Vielleicht haben sich die Eberbacher 2001/2002 etwas mehr überregionale Resonanz erhofft, dabei ist ihre Idee durchaus nachvollziehbar und nicht von der Hand zu weisen.

Da ist zum einen die Pflicht. Ein verstorbener Odenwälder verfügte im Testament, man möge über eine Stiftung die Natur schützen, ein Herr Falckenthal. Der Plan, alte Obstsorten vor dem Aussterben und Vergessen zu schützen, entstand parallel auch andernorts, im Alten Land zum Beispiel. Wozu dies gut ist, werden Obstsortenbewahrer sicher wissen, die Stichwörter heißen »Formenfülle« und »bodenständig«.

Also beschloss man, Apfel- und Birnbäume am Wegrand anzupflanzen.

Wie es nun zur zweiten Pflanzaktion kam, ist weniger leicht nachzuvollziehen. Sträucher zählen zum Egalsten, was unsere Wälder zu bieten haben. Meint man. »Kuck mal, ein Strauch!« zählt zu den absolut seltensten Freudenschreien, die man von Kindern oder Wanderern hört. Wie dem auch sei, Jäger aus Eberbach haben fleißig Sträucher am Wegesrand gepflanzt. Auch zehn Jahre danach möchte man nicht ohne Vorbehalt das Wort »Allee« verwenden, dennoch: Der Versuch macht nicht nur klug, sondern bringt einen doch zum Nachdenken.

Wird es eine Zeit geben, in der selbst heimische Wuchermonster wie Brombeere, Brennnessel und Holunder geschützt, präsentiert und in Erinnerung gerufen werden? Ganz sicher sein kann man da nicht. Ein Ort, den man gesehen haben muss, denn selten steht man so ratlos im Gelände herum wie in der Sträucherallee.

Adresse Wolfsweg, 69429 Eberbach | **ÖPNV** Bus 821, Haltestelle Unterdielbach, Wolfs-schlucht | **Pkw** Ausfahrt Eberbach, L 590, dann L 524 bis Unterdielbach, Grenzweg rechts | **Tipp** Von der Innenstadt aus spaziert man um den Hügel herum durch die Kleingärten zum jüdischen Friedhof mit einigen Grabsteinen aus dem 19. Jahrhundert, etwas versteckt oberhalb des christlichen Friedhofs.

19__ Die Buschmühle

Haardt? Vorderpfalz? Hauptsache Italien!

Als die Pfalz erschaffen wurde, stolperte der Erschaffer mit seiner Schüssel voll Ingredienzien und schüttete hier alles auf einmal aus. In einem kleinen kuscheligen Talkessel gelegen, ist die Buschmühle kaum ein Ort, an den man rein zufällig gerät. Das Haar in der Suppe vorneweg kann allenfalls die etwas schwülstige Ausrichtung des Restaurants mit Putten und Springbrunnen und seinem Garten sein, alles andere macht diesen Ort zum möglichsten aller Paradiese.

Eine Tierärztin nutzt die Wiese nebenan, und so schreit abwechselnd mal ein Esel, mal ein Zebu, und wie der Chef im Ring überbrüllt ein Pfau mit seinem wenig melodiösen Lied alle Gespräche. Den Rest des filmähnlichen Ambientes besorgen Katzen und eine südländische Fülle an Insekten.

Der Inhaber hat seinen Anwaltsberuf an den Nagel gehängt, um schließlich doch die Erbschaft anzunehmen und das Lokal so zu führen, wie es sein soll. Biofleisch, einheimische Ware, regionaler Wein, großzügig angelegt, grün bis zum Dach, historisches Mauerwerk und im Innenraum Themenzimmer Bibliothek, Musik, Kamin und Barock. Dazu ein Service, der berät, plaudert und aufmerksam ist. Genug geschwärmt? Nein, denn mittwochs und donnerstags ein Vier-Gänge-Menü für 15 Euro ist weit und breit außer Konkurrenz.

Ein unvermeidliches Fußnötchen dieses irrealen Ortes stellt der Umstand dar, dass hier ein Herr Kohl seine Frau kennenlernte, die später ihren Sohn Helmut zur Welt brachte. Es ist lange her, war aber für Sohn Kohl ein Grund, einmal jährlich hierherzukommen.

Dies stört weder den unten plätschernden Moderbach noch die Birnen-, Apfel- und Kirschbäume. Die Aussicht auf die steile grüne Haardt kann nichts und niemand trüben. Und auch wenn es nicht so klingt, die Buschmühle ist auch noch familienkompatibel. Zu viel des Lobes?

Anders gesagt, die Buschmühle ist einer der 1.000 Orte, die in Frage kommen, um dort zu sterben.

Adresse Landgut Buschmühle (= Straßenname!), 76835 Edenkoben-Weyher | **ÖPNV**
Palatina-Bus 501, Haltestelle Weyher | **Pkw** A 65, Ausfahrt Edenkoben/Maikammer,
durch Weyher durch, wenden Richtung Hainfeld, den Schildern »Ruine Geisberg« folgen |
Öffnungszeiten Mi–Sa 18–24 Uhr, So 11.30–24 Uhr | **Tipp** Aus Edenkoben stammte
Johann Hartmann, der als Auswanderer zum amerikanischen Trapper wurde und angeblich
J. F. Cooper als Vorbild zu Lederstrumpf diente, geehrt durch den Lederstrumpfbrunnen in
der Luitpoldstraße.

20 __ Die Mariengrotte
Zweiweihung

Viel schwarz-katholischere Gegenden als Weyher findet man kaum. Als Erinnerung an ein südfranzösisches Mädchen, das Mitte des 19. Jahrhunderts behauptete, achtzehnmal Maria gesehen zu haben, errichtete man hier eine Mariengrotte, die auch Lourdesgrotte genannt wird. Die Einweihung war im Jahr 1904, finanziert wurde der Wallfahrtsort durch die Einnahmen eines Theaterstücks, nach und nach kamen durch Spenden Bänke für etwa 150 Personen hinzu.

Zusammen mit dem kleinen Brunnen wurde die Mariengrotte ein beliebter Ausflugsort. Von hier aus hat man einen tollen Blick über die Vorderpfalz. Also, dachten die Weyherer, aus viel mach mehr.

1933 erweiterten sie die Grotte um eine Grotte, zweckmäßig unterhalb der Statue gelegen. Wichtig war, dass genügend Raum vorhanden war, um in ausreichender Zahl Kerzen sowie weitere Marienbilder und Statuen abzustellen, und daneben die Freiluftkanzel mit Baldachin.

Die zweite Einweihung sorgte für mehr Aufruhr als die erste. Der Weyherer Pfarrer Jung weigerte sich, Personen in Braunhemden die Kommunion zu verabreichen, er hatte Schüler verprügelt, weil sie ein Lied aus der Hitlerjugend gesungen hatten, er weigerte sich, die Kirche nationalsozialistisch zu beflaggen. Und er predigte gegen die Nazis.

Diese zweite Einweihung der Mariengrotte war die letzte große katholische Veranstaltung, die die Nazis in der Gegend duldeten. Am 25. Mai 1933 versammelten sich über 3.000 Menschen, und wer sich hier oben im Wald umsieht, fragt sich, ob sie damals in den Bäumen saßen.

Nicht dass es im malerischen Pfälzer Dörfchen Weyher – mit heute gerade mal 500 Einwohnern – keine Nazis gegeben hätte, aber mit wesentlich größerer Leidenschaft waren sie Katholiken.

Adresse Modenbachstraße, 76835 Edenkoben-Weyher | **ÖPNV** Palatina-Bus 501, Halte-stelle Weyher-Ortsverwaltung | **Pkw** A 65 Edenkoben, Ausfahrt Edenkoben, Richtung Weyher, am Dorfausgang parken, wenige Minuten Fußweg den Berg hoch | **Tipp** Ober-hofer, der älteste Weinberg der Welt, liegt in Edesheim, leider ist der dazugehörige Wein überteuert, aber die Lage ist sehenswert.

21__Die Fähre

Haltet mal kurz die Zeit an!

Wie immer, wenn in der Kurpfalz etwas Altes verschrottet wird, sehen konservative Kräfte den Weltuntergang mit Posaunenschall und vollem Programm nahen. So war es auch 2001, als die Neckarfähre ausrangiert wurde. Wie empört waren die Betreiber, als sie das alte Fahrzeug noch nicht mal in Museumsform behalten durften. Sicherheitsgründe waren schuld.

»Die Betreiber« muss es hier tatsächlich heißen. Mitte des 18. Jahrhunderts sicherte der Kurfürst dem Fährmann per »Erbbestandesbrief« zu, den Fährbetrieb durchführen zu dürfen, auch durch Vererbung. Und man erbte und vererbte, was das Zeug hielt. So kommt es, dass heute die Neckarhausener Fähre von insgesamt 26 Personen betrieben wird, etliche davon fahren auch selbst als Fährleute.

Typen wie Jakob Zieher gehören dazu, und auch wenn eigentlich seine Tochter schon längst dran ist, so schnell gibt ein alter Fährmann das Steuerrad nicht aus den Händen. Er gönnt sich solche Momente wie diesen: Auf der Ladenburger Seite fährt eine Limousine schnurstracks auf das Ufer zu, legt eine knappe Vollbremsung hin, minutenlang geschieht nichts. Dann stößt der Fahrer zurück und fährt weg. »Das Navi hat ihm die kürzeste Verbindung gezeigt, und das ist die Fähre.« Denn an die immer wieder geplante Brücke 500 Meter weiter glaubt Zieher nicht. Die werde immer nur vor Wahlen versprochen, nach Wahlen stellen die Amtsträger bass entsetzt fest, dass die Haushaltskasse ja leer ist!

Die »neue« Fähre verdanken die Neckarhausener dem Bau einer Brücke über die Havel, wodurch sie eine gebrauchte, aber fast neue, gewissermaßen einen günstigen Jahreswagen, bekamen. Aber die Ausmusterung der alten Fähre hat noch einen ganz anderen Nebeneffekt. Die Fähre von der Friesenheimer Insel nach Sandhofen war bislang die zweitälteste Flussfähre Deutschlands und wurde nun zur ältesten. Gerade für Mannheimer ein besonderes Gefühl.

Adresse Speyerer Straße, 68535 Edingen-Neckarhausen | **ÖPNV** Straßenbahn 5, Haltestelle Seckenheim, Bus 46, Haltestelle Rathaus | **Pkw** A 656, Ausfahrt Mannheim-Seckenheim, L 597 Richtung Edingen–Neckarhausen, an der Hauptstraße Schild Richtung »Fähre« folgen | **Öffnungszeiten** Mo–Fr 7–20 Uhr, Sa, So 8–20 Uhr, im Winter je nur bis 18 Uhr. Hochwassertelefon: 06203/924920 | **Tipp** Das Fährhaus Am Krottenneckar in der Hauptstraße 2 bietet gediegene bürgerliche Küche und eine Schönwetterterrasse, außerdem leben in diesem Neckarabschnitt etliche seltene Fischarten.

22___Das Heimatmuseum

Der Duft der kleinen, weiten Welt

Zum großen Schrecken von Schülern gehören die Sätze »Ab heute herrscht hier Handyverbot« und »Der Schulausflug geht ins Heimatmuseum«. Wenn dereinst jemand das große Museum der Museen eröffnet, bekommen die Heimatmuseen den Spezialsaal im Heizungsraum des Tiefkellers. Aber das Heimatmuseum in Epfenbach ist *anders*! Von Anfang an ist man nahe dran an allem, riecht und fühlt, was erzählt wird. Und kenntnisreiche Führung ist das A und O, auch hier. Keine heruntergebeteten Herrschaftslinien, nur der echte Stoff. Der Teichel, eine grobe Wasserleitung mit metallischem Verbindungsstück, das Plumpsklo, die Schleifscheibe, die Gerätschaften im Hof und in der Schmiede verleiten schon, sich intensiv damit zu befassen, ein Kompliment an jedes Museum. Und dann kommen noch der Stall und das komplette Haus mit vier Stockwerken!

Gründer Helmut Förster ist 1946 vor der sowjetischen Besatzung geflüchtet und hier in einem Örtchen gelandet, wo manche froh waren über die genetische Auffrischung durch Flüchtlinge und Vertriebene. Nach Epfenbach führte nämlich keine Hauptstraße, sondern wie in einem Spinnennetz sieben etwa gleich große Straßen, denn der Ort liegt in einer sanften Talmulde. Also kamen die Epfenbacher selten hier raus, und selten kam jemand rein.

Helmut Förster litt sehr unter dem Verlust seiner Heimat, was ihn dazu anstachelte, den Epfenbachern zu zeigen, wie schön ihre eigene Heimat war. Äußerst erstaunlich ist, welche Altertümer die Menschen dieses Nests und der Umgebung noch in den 1960er und 1970er Jahren aus ihren Kellern, Speichern und Scheunen ausgruben, denn nur daraus besteht das Museum. Der gusseiserne Ofen, Kienstumpen, Holzpantinen, ein Webstuhl, natürlich die verbreitete schwarze ländliche Kleidung. Und für das meiste gilt: anfassen erlaubt. All das in einem rund 300 Jahre alten Fachwerkhaus. Ein echter Tipp.

Adresse Kreisental 4, 74925 Epfenbach | **ÖPNV** Bus 796, Haltestelle Epfenbach, Ort | **Pkw** B 45, Ausfahrt Wiesenbach/Spechbach auf L 532, rechts auf L 530, Am Berg links, Kreisental rechts | **Öffnungszeiten** auf Anfrage unter Tel. 07263/40890 | **Tipp** In Sinsheim-Steinsfurt gibt es seltsamerweise ein Museum über Friedrich den Großen, und das nur, weil hier seine Flucht nach Frankreich vor dem strengen Vater misslang, an Sonn- und Feiertagen von 14 bis 16.30 Uhr geöffnet.

23___ Das Elwetritsche-Atelier

Die Legende lebt

»Gugge koscht nix.« Im Nebelsüppchen aus Kunst, Kalauern, Keramik und Kokolores jongliert der sympathische Bildhauer Walter Rupp aus Frankenthal sein Werk. Spezialität: Dachfiguren. Aber Walter Rupp jammert. Seit 2011 ist er umgezogen, zwar nicht weit, und das neue Haus ist *auch* ganz schön, aber im alten Haus war viel mehr Platz, und es war viel schöner, und es war eine Einheit eingegangen mit seiner Keramikkunst.

Rupp kann einen dicken Katalog mit Referenzen vorführen, hat Mitte der 70er Jahre die Kunstschule in Mannheim absolviert und musste merken, dass dieser Abschluss nicht überall anerkannt wird. Er jammert. Aber was soll's, er beherrscht doch seine Kunst vorzüglich. Und er hat dieses Alleinstellungsmerkmal: Hersteller von Elwetritsche-Dachfiguren. Ende der Neunziger gab er gar ein über 300 Seiten starkes Elewtritsche-Lexikon heraus, zeichnete sie als Cartoons, was wiederum zu einer Buchedition führte. Dennoch stehen in seinem Laden nur ganz wenige Exemplare, dafür ist er voll bis zum Dach mit anderen Keramikobjekten. Denn Rupp macht Auftragskunst. Und legt Wert darauf, dass jede Elwetritsch ein Einzelstück ist. Daher gab er seiner Werkstatt den Beinamen Elwetritschen-Paradies. Schade ist nur, dass neben der modernen Volkskunst seine ernsten, düsteren bis bösen Werke etwas untergehen, weil sie nicht in das gut gelaunte klischierte Gesamtbild passen, wie es der Kunde sich gern zurechtidealisiert. Wenn man Zeit und Interesse hat, führt Rupp zusammen mit seiner Frau Helga gern vor: Werkstatt, Garten, Laden, es scheint sowieso alles eins, geht direkt ineinander über. Früher hielten manchmal sogar Touristenbusse, früher hat der Oberbürgermeister sogar ein Vorwort für sein Buch geschrieben. Er jammert. Obwohl sein Repertoire bis Koala, Kuh, Hexe, Löwe, Bierbrauer unbegrenzt scheint. Rupp brennt der Kundschaft jeden Gefallen, und er muss keine Konkurrenz fürchten. Vielleicht jammert er ja einfach gern.

Adresse Jahnstraße 32d, 67227 Frankenthal-Flomersheim | **ÖPNV** Regionalbahn Bahnhof Flomersheim, 5 Minuten Fußweg | **Pkw** B 9, Ausfahrt Studernheim, Flomersheim, rechts Studernheimer Weg, rechts Dürkheimer Straße, links Odenwaldstraße, rechts Jahnstraße | **Öffnungszeiten** auf Anfrage geht's meistens, Tel. 06233/55944, www.rupp-ft.de | **Tipp** Einmal im Jahr findet in Flomersheim ein Fußballturnier statt, Ehrensache, dass der »Elwetritsche-Pokal« von Rupp gestaltet ist.

24 Der Monte Scherbelino
Müll mit Perspektive

Achtung, Verwechslungsgefahr. In Frankfurt am Main gibt es einen Monte Scherbelino, der aus Schutt besteht, eine Erhebung, die man in Dutzenden deutscher Städte findet, die im Krieg bombardiert wurden.

Der Monte Scherbelino in Frankenthal – und um den geht es hier – ist aus echtem Pfälzer Müll entstanden. Damit die Stadtbeschreibung zu schließen und darauf zu verweisen, dass mehr zu Frankenthal nicht zu sagen sei, das mag die kleine Stadt am Rhein nicht. Sie hat alte Stadttore, ein Schwimmbad, das – Obacht, Rekördchen! – »Strohhutfest, das größte Straßenfest der Pfalz«. Nur verblasst die Historie hinter Worms, das Schwimmbad neben dem Bobenheimer Silbersee, das Straßenfest hinter Bad Dürkheim. Was bleibt, ist ein Haufen Müll.

Im Winter erlaubt er Schlittenfahren, im Frühjahr blühen Krokusse, im Sommer gehört er teilweise zum Strandbad und wird als Liegewiese genutzt, im Herbst ist er nass und liegt voller Blätter. Mag der Scherbelino auch nur 117 Meter hoch sein, er ist der höchste Punkt der Stadt und gleichzeitig, in seltener Eintracht, der sehenswerteste. An keinem anderen Platz schimmern die BASF-Anlagen so orangegolden in der Abendsonne, interessant vor allem für Fotografen, die nicht von Mannheim aus gegen das Licht knipsen müssen. Der Hügel bietet Rundumblick.

Am Hang stehen einige Büsche und nach unten hin Bäume, der Weg führt schräg nach oben, die kürzeste Abkürzung ist entsprechend steil, das Gelände ist grasbestanden, und oben weht meistens reichlich Wind. Man muss gar nicht weit aus der Stadt hinaus und ist doch hinreichend abgeschieden, denn auf diesem Hügel gibt es keinerlei Ablenkung, er besteht nur aus dem Hügel an sich, echter Müll, unverfälscht.

Das hat Bobenheim nicht, das hat Worms nicht, und da wird selbst das ältliche, betuliche Bad Dürkheim neidisch.

Adresse Karolinenstraße 3, 67227 Frankenthal | **ÖPNV** Regionalbahn Frankenthal Hauptbahnhof, 15 Minuten Fußweg | **Pkw** A 6, Ausfahrt Frankenthal-Nord, B 9, bis Frankenthal-Mitte | **Tipp** Vor dem städtischen Schwimmbad, dem Ostparkbad, hat man Reste des alten Flusshafens ausgegraben, der mit einem Kanal mit dem Rhein verbunden war und von dem nur noch wenige Mauerreste erhalten sind; die Anlage Am Kanal 2 ist frei zugänglich.

25 Zum Schorsch
'n Tick

Alle paar Jahre lang kommt mal die Hessenschau vorbei. Der Uhren-Schorsch ist längst zu Asche geworden, nur seine Uhren sind noch da.

Um 1960 begann der Uhren-Schorsch zu sammeln. Der Schorsch sammelte Uhren, so hieß der Mann, so heißt die Gaststätte. Das dtv-Lexikon macht es sich einfach und sagt, Sammlung sei »das Zusammenbringen von Geld oder anderen Dingen«. Und Schorsch hat 830 Stück zusammengebracht. In den 50er und 60er Jahren waren die Verhältnisse noch prä-ebayisch, und die Menschen waren froh, alten Kram loszuwerden. Daher musste der Schorsch sich gar nicht mal übermäßig Mühe geben, fand prächtigste Exemplare sogar auf dem Sperrmüll.

Seinem Sohn, der das Restaurant heute führt, werden immer wieder neue Uhren angeboten. Aber wohin damit? Irgendwann hat der Schorsch die Zimmer thematisch nach Uhren sortiert, nach Dachuhren, Himmelsuhren, eine Panelenstube eingerichtet. Über der Theke sind Wecker aufgereiht, und egal, ob man einen direkten Sinn erahnt, kann man sich an der Vorstellung erfreuen, dass ein an der Theke eingenickter Säufer wachgeklingelt wird.

Es gibt Prachtexemplare, das Uhrwerk aus der Fürther Turmuhr zum Beispiel, das man als Nicht-Uhrmacher nicht versteht. Und quasi die Kronjuwelen, eine Bergwerksuhr, vom Status, Aufbau und Aufwand her ein Gesamtkunstwerk mit nicht nennbarem Wert, kostbar in allen Belangen.

Warum die Uhren nicht laufen? Wenn die Uhren liefen, müssten sie immer laufen. Man müsste die Uhrwerke schmieren, womöglich ist irgendwo mal eine Batterie ausgelaufen. Nicht nur wäre dies eine Arbeitsstelle für eine Vollzeitkraft, es wäre auch ein marterndes Geticke im gesamten Restaurant. Damit man irgendwas zu tun hat, außer zu staunen, kann man die Spieluhr mit Geld füttern, damit sie La Paloma spielt. Essen nicht vergessen, bürgerlich, lecker und bezahlbar!

Adresse Steinbruchstraße 3, 64658 Fürth-Erlenbach | **ÖPNV** Regionalbahn nach Fürth, nach Erlenbach nur Ruftaxi, Tel. 06253/3933 | **Pkw** ab Heppenheim B 460, Richtung Fürth, nach Kirschhausen links Richtung Mittershausen, Seidenbach, geradeaus zur Steinbruchstraße | **Öffnungszeiten** 11–22 Uhr mindestens, Dienstag Ruhetag | **Tipp** Direkt neben dem Restaurant liegt recht überraschend ein Basalt-Steinbruch, der durch die bewaldete Umgebung wie eine Filmkulisse wirkt.

26__Das Straßenmuseum
Road to nowhere

Da in der Kurpfalz sämtliche modernen Verkehrsmittel wie Linienbus, Dampf-U-Boot und Fliewatüüt erfunden wurden, kann dieses Museum gar nicht woanders sein. Es war einmal in den Tiefen der 1980er Jahre, als verrentete Straßenbauer ihre Verrentung nicht mehr ertrugen und beschlossen, die Nachwelt solle von ihrem Beruf erfahren. Die Herren aus Speyer, Koblenz und Germersheim planten ein Straßenbaumuseum, mussten feststellen, dass es schon welche gab, und relaunchten die Idee schnurstracks als »Deutsches Straßenmuseum«. Das schönste, größte, älteste und einzige. Doch wie zeigt man Straßen, wenn sie nicht nach Spargel, Wein, Bertha Benz, Fachwerk oder den Nibelungen benannt sind? Ganz einfach, von A bis Z. Man beginnt mit der Sammlung kruder Begriffe aus geheimen Ingenieurszirkeln, Marshall-Fließwerk, Splittmastix, Hochverdichtungsbohle, Bodenvermörtelungsgerät, um nur die mainstreamigsten zu nennen. Man sammelt die Gerüche nach Chemie, Labor, Schweiß und Ingenieuren. Ideen von Landschaftspflege und Trassenentscheid swingen aus dem Handgelenk durch die Räume des früheren Zeughauses der alten Festung von 1861.

Zahlreiche Exponate sind so groß und robust, dass man sich reinsetzen, draufsetzen oder einfach sinnlos dagegentreten kann. Anbei wird mal schnell die komplette Technik der Eisenerzeugung erzählt, insofern ist das Museum stellenweise etwas überfrachtet und zu verästelt. Ausführlich wird die Technik von Brücken- und Tunnelbau gezeigt, ein sehr verstecktes Highlight in den hinteren Räumen zeigt, wie es unter einer ganz normalen deutschen Straßenkreuzung aussieht. Früher sah man manchmal solche Modelle irgendwo in Schulen, vermutlich befindet sich solches Anschauungsmaterial heute ausnahmslos auf Netzwerk-Servern von Behörden. Sehr schade. Was dem Museum fehlt, ist der philosophische Überbau und leider, leider Spieltrieb und Humor. Aber wer weiß, vielleicht gelten die verschiedenen Lärmschutzwände im Garten als Superwitz unter Ingenieuren?

Vorwärts schauen – Strassen bauen!

Adresse Im Zeughaus, 76726 Germersheim | **ÖPNV** S3, 4, 51, 52, Haltestelle Bahnhof Germershein, 15 Minuten Fußweg | **Pkw** B 9, Ausfahrt Germersheim, das Straßenmuseum ist bestens ausgeschildert, standesgemäß | **Öffnungszeiten** Di–Fr 10–18 Uhr, Sa, So 11–18 Uhr | **Tipp** Im Nebengebäude zeigt ein privater Verein eine Modelleisenbahnausstellung, in der teilweise 20 Züge auf einer Anlage von 200 Quadratmetern unterwegs sind!

BETON verleiht Sicherheit!

27___Die Stechpalme
Verletzungsgefahr

Zwischen Unterflockenbach und Unter-Abtsteinach. Trösel. Es klingt nach trostlos, nach trist, traurig, tranig und tragisch. Dabei sind den Tröselern seit über 80 Jahren ihre 15 Minuten Ruhm sicher.

Wenn man in Weinheim wie aus Versehen einfach geradeaus über den Berg drüberfährt und weiter, immer weiter, beginnt sich die Landschaft auseinanderzuziehen wie die Zeit. Es passiert immer weniger auf immer längerer Fläche.

Dieses geographische Kaugummi heißt Gorxheimertal, ein Verwaltungsgebilde seit 1972. Alles geht langsamer, Ereignisse sind nicht vorgesehen.

Trösel selbst besteht aus einer Handvoll Straßen, einem Festplatz, einem Schützenhaus und einem Biergarten. Auf dem Weg von Gorxheim aus geht es gegenüber dem Sportplatz links die Apfelstraße hoch, das Straßenschild muss man aber erst mal finden. Schon nach wenigen Metern steht sie da, die Palme. Das Glück der Tröseler ereignete sich 1929, als die größte deutsche Stechpalme in Löhrbach erfror. Wer will heute noch nachvollziehen, wer kurz vor der Weltwirtschaftskrise sich mit dem Vermessen von Stechpalmen befasste? Und wozu?

Sicher ist, dass der *Ilex aquifolium* den einzig immergrünen Laubbaum hierzulande darstellt, was bedeutet, einige Minusgrade muss er schon längere Zeit aushalten. Die Anwohner sind nicht alle begeistert von dem Rekordgewächs, denn nicht jeder größere Lieferwagen, jeder Umzugswagen kommt problemlos an der opulenten Pflanze mit dem krummen, ungleichmäßigen Wuchs vorbei. Aber Denkmal ist Denkmal. Auch wenn 20 Beeren dieses Denkmals für einen Erwachsenen tödlich sein sollen. Der Steckbrief lautet: 13 Meter hoch, etwa aus den 1830er Jahren, die größte in Deutschland und wohl auch in Mitteleuropa.

Aber wer weiß das schon genau, oder kennen Sie jemanden, der Stechpalmen vermisst?

Adresse Apfelstraße, 69517 Gorxheimertal-Trösel | **ÖPNV** Bus 681, Haltestelle Trösel, Apfelstraße | **Pkw** Gorxheimertal Richtung Abtsteinach | **Tipp** Etwa eine halbe Stunde zu Fuß geht man zum Teufelsstein auf dem Waldkopf, unter dem einer Sage nach ein Goldschatz begraben liegen soll, den man nur heben kann, wenn man dabei schweigt.

28___Das Dornröschendörfchen

Ein Gesamtkunstwerk

Hangen-Wahlheim gehört amtlicherseits zu Alsheim, müsste demnach leider Alsheim-Hangen-Wahlheim heißen, was nicht mal die SPD ihren Frauenbeauftragtinnen zumutet.

Man verbindet einen Besuch dieses Örtchens am besten mit einem Besuch in Alsheim. Und es lohnt sich, den Fußweg zu nehmen. Hangen-Wahlheim ist ein derart winziges Knuddelchen, dass selbst die übermächtige Wikipedia ihr keinen eigenen Eintrag gewährt! Mit dem Pkw geht es, von Alsheim kommend, auf halbem Weg Richtung Guntersblum links die Weinberge leicht hinauf. Plötzlich fühlt sich der Straßenbelag an wie aus der Sowjetzone, und genau so ist es gemeint! Dies soll jedoch nicht den Eindruck erwecken, dass man einen kleinen Märchenort betritt. Jemand mit sehr großen Händen hat ein Stückchen Landkarte genommen, zusammengeknüllt und an den Weinberg gepappt. Und doch schafft es dieses runde Dutzend Gebäude, zwei Sehenswürdigkeiten zu bieten. Viel Glück beim Finden der Ruine von Maria Magdalena! Vermutlich stammt der Kirchenrest aus dem 13. Jahrhundert. Vermutlich war die Reformation schuld, dass sie nicht mehr genutzt wurde. Und vermutlich brannte sie nach dem Erbfolgekrieg ab, Ende des 17. Jahrhunderts.

Im Weinberg geht es die »Hauptstraße« hoch – wozu sollte man hier Straßenschilder brauchen? Aus dem Hangen-Wahlheimer Gestrüpp herauskommend, steht man vor einem umzäunten Wasserbehälter. Ja, es ist nur ein Wasserbehälter, aber erstens stammt dieser von 1906 und ist in feinem Jugendstil erbaut, zweitens blickt man von hier aus weit nach Osten in die Rheinebene, obwohl man sich nur wenige Meter nach oben bewegt hat. Und plötzlich begreift man, wie erstaunlich es ist, dass man diesen paar Häusern Wasser gewährt und seit einer ganzen Weile auch noch Strom. Wo die meisten Einwohner Hühner, Pferde, Enten, Gänse und Hundchen sind, die den Autos hinterherkläffen wie in italienischen Filmen in den 1950ern. Ein Gesamtkunstwerk.

Adresse 67577 Hangen-Wahlheim | **ÖPNV** Regionalbahn bis Bahnhof Alsheim | **Pkw** B 9, Ausfahrt Guntersblum | **Tipp** Die Straße Am Rheindamm führt zur Personenfähre auf die andere Rheinseite ins Naturschutzgebiet Kühkopf mit mehreren Rundwanderwegen.

29__ Die Tabakhäuser

… der letzte der Mohikaner

Mitten im Zentrum des harmlos dahindösenden Örtchens Heddesheim stehen drei, und noch einige mehr sind im Ort verstreut: Tabakhäuser. Das zweite Zeichen einer ehemaligen florierenden Tabakwirtschaft ist das alte Rathaus, das heute nur noch für Hochzeiten, von der Interessengemeinschaft Heimatgeschichte und vom Kunstverein genutzt wird. Das Rathaus diente seit seiner Erbauung 1719 als Versteigerungshalle, als evangelische Kirche, als Bücherei und auch als Tabakwiegehalle. Hiervon sind leider keine Spuren mehr zu sehen.

Es gab hier einmal 250 Tabakpflanzer und 300 bebaute Hektar. Ein Heimatforscher hat errechnet, dass das kleine Heddesheim gar die größte Tabakgemeinde ganz Deutschlands war.

Einen einzigen Bauer gibt es noch in Heddesheim, und der klagt. Alois Bach bestellt achteinhalb Hektar und wagt keine Prognosen mehr über drei Jahre hinaus. Er schimpft auf die EU-Behörden, dass alles, was er vor der großen Hysteriewelle in die Produktion investiert hat, von niemandem ersetzt wird. Er schimpft auf die Preise, denn während er pro Kilo allein 3,50 Euro Produktionskosten hat, so kauft der Weltmarkt bei Erzeugern beispielsweise in Malawi für 1,30 Euro ein.

Alois Bach produzierte früher dunklen Tabak, zu 80 Prozent für Zigarren, aber auch für die Hammersorten Roth Händle und Reval. Und dieser dunkle Tabak wurde auch in Heddesheim verwogen. Heute stellt er nur noch Virgin-Tabak her, für die Abnehmer in Karlsruhe, verwogen wird heute in Plankstadt. Eine kleine Hoffnung besteht noch in der Schischa-Mode.

Die ehemaligen Tabakscheunen werden überwiegend noch landwirtschaftlich genutzt, jedoch nicht für Tabak. In der ehemaligen Wiegehalle wird nicht mehr gewogen. Aus Amerika kam der Tabak einst hierher, und von Amerikanern wurde der Tabak hier wieder zerstört.

Adresse Altes Rathaus, Fritz-Kessler-Platz, 68542 Heddesheim **| ÖPNV** Straßenbahn 4, Haltestelle Heddesheim Bahnhof **| Pkw** ab Mannheim über Feudenheim, Wallstadt, einfach den Schildern nach Heddesheim folgen **| Tipp** Im Inneren des alten Rathauses gibt es nichts zu sehen, stattdessen sollte man einen kleinen Spaziergang zu den Tabakfeldern selbst machen, einfach im Ort durchfragen.

30__Das Bonsai-Zentrum
Ommmm

Die große Welt der kleinen Bäume … Oder: kleiner Baum, ganz groß … Und natürlich: klein, aber oho … Bei Bonsais fällt jedem was ein.

Aufgebaut wurde das Zentrum direkt vor der Ortseinfahrt von Edingen von Paul Lesniewicz. Der Pionier liebte das Spleenige, Skurrile und machte einen Teil seines Gartencenters für Zwergbäume zu einem Bonsai-Museum.

Seit 2007 wird dieser wunderliche Ort von einem jüngeren Mann weitergeführt, Edis Ziegler.

Die Museumsseite verschwindet nach und nach, dafür taucht viel stärker eine asiatische Facette auf. Die meisten Bäumchen sind aus Indonesien, China und Japan importiert. Ziegler selbst versendet Bonsais aber gar nicht gern, weil er dann nicht kontrollieren kann, ob ein Baum unterwegs zu lange in der Sonne steht – wie manche Nadelhölzer – oder zu wenig Wasser bekommt, wobei manche Minibäume ganz gut Frost vertragen.

Zieglers Werte heißen: Ambiente, Vertrauen, Information. Und er warnt vor Baumarkt-Billigbäumen, die recht jung und nicht widerstandsfähig sind. Der Inhaber lebt und atmet Bonsais, hat seine Sucht zum Hobby gemacht. Und der große Teil des übernommenen Kundenstamms dankt es ihm. Der Radius reicht sehr weit über die Kurpfalz hinaus.

Als gebürtiger Heidelberger hat er sich schon immer über die klischeehaften Touristen gewundert, die aus dem Bus springen, ihr Pflichtfoto machen und zu Hause gucken, was da drauf ist. Wer sich als Besucher Zeit für seine Ausstellung lässt – denn das Wort »Laden« will so gar nicht zu dem Gelände passen –, dürfte es nicht bereuen.

Und irgendwann den grandiosen kleinen Bambushain entdecken, der ganz sicher der größte der Kurpfalz ist. Und wenn nicht, dann ist es auch egal.

Adresse Mannheimer Straße 401, 69123 Heidelberg-Wieblingen | **ÖPNV** Straßenbahn 5, Haltestelle Edingen, Bahnhof | **Pkw** von Heidelberg aus Richtung Wieblingen, Edingen, direkt vor dem Ortseingang (daher gehört es noch zu Heidelberg) | **Öffnungszeiten** Mi–Fr 14–18 Uhr, Sa 10–16 Uhr | **Tipp** Die Neckarfähre von Edingen nach Ladenburg stellt keine Spielerei dar, sondern ist ein wesentlicher Teil des örtlichen Nahverkehrs. Dennoch verkehrt sie in sehr malerischer Umgebung.

31_ Gaisbergturm

Sitzt, passt, wackelt und hat Luft

Ja, mal gehört … Mal gehört hat den Namen jeder Heidelberger. Vielleicht denkt er aber an die Gaisbergstraße oder an den lebensrettenden Gaisbergtunnel, der (geplant) die Innenstadt vor dem Verkehrsinfarkt retten sollte (gescheitert). Oder er meint Gaiberg hinterm Berg, vielleicht den Gaiberger Weg, und damit käme er dem Objekt tatsächlich nahe – aber rein zufällig.

Mit dem Auto führt der Weg über die Friedrich-Ebert-Anlage den Gaisberg hoch, und am Buswendeparkplatz kann man parken. Der Fußweg führt ein Stück in den Wald. Alle gefühlten hundert Meter steht hier ein Schild, das auf eine – menschgemachte – Besonderheit hinweist.

Nach der kleinen Senke verläuft der Weg geradeaus nach oben, zum Gaisbergturm geht es aber recht bald, nach etwa 200 Metern, rechts in den Wald. Nach wenigen Minuten taucht er zwischen den Bäumen auf, und jetzt wird schon mal die Wahl des Standorts klar: Die Aussicht ist der vom Schloss aus ebenbürtig. Aber was sollen diese Steine mit Wendeltreppe außen? Das Schloss als Aussichtspunkt gab es ja schon. In Heidelberg konnte man schon immer ganz gut »nach oben« steigen, hatte »bessere Aussichten« auf den »Dreck« in der Rheinebene. Ganz einfach, die Steine des Turms liegen nur aufeinander. Vermutlich ein Studentenwitz, ein Sport, genau weiß man's nicht. Ein Architekt namens Fritz Seitz entwarf den Bau mit 85 Stufen 1876, und der Schlossverein baute ihn. Noch mal: Es ist ein reiner Trockenbau, und wenn hier zu lesen steht »Betreten auf eigene Gefahr«, dann schwingt plötzlich ein ganz anderes Gefühl mit, auch wenn der Turm nur 13 Meter hoch ist, auch wenn er erst 2004 zuletzt restauriert wurde. Kein Mörtel, kein Gips, hier liegen nur Steine aufeinander. Etwas unterhalb am Hügel im Wald findet man noch etliche weitere derselben Sorte. Sie können ja mal weiterbauen. Warnung: Ein Außengeländer einer Wendeltreppe ist nichts für Höhenängstliche.

Adresse Gaisberger Weg, 69117 Heidelberg-Innenstadt | **ÖPNV** Bergbahn, Haltestelle Molkenkur, 700 Meter Fußweg | **Pkw** Friedrich-Ebert-Anlage Richtung Neckargemünd, rechts Klingenteichstraße den Berg hoch | **Öffnungszeiten** immer | **Tipp** Die Falknerei auf dem Königsstuhl wird allzu gern übersehen. Von April bis Oktober gibt es Flugvorführungen um 11.30 und 15.30 Uhr, Mo geschlossen. Adresse: Königsstuhl 2a.

32__Das Rugby-Zentrum
Träning

Heidelberg, die Sportstadt? Ein trauriger Witz. Jede größere Stadt der Umgebung hat einen zumindest zeitweise erfolgreichen Fußballverein. KSC, Darmstadt 98, Wormatia Worms, VfR Mannheim, Waldhof 07, jetzt sogar Sinsheim. Aber was machen die Heidelberger mit ihren Füßen? Den Fußballsport mit ihnen treten und stattdessen Rugby spielen.

Unweigerlich hatte eine glänzende Universität wie die Heidelberger früh Kontakte nach Oxford, über die im 19. Jahrhundert unvermeidlich auch die Rudermode an den Neckar kam. 1872 endlich wurde der HRK gegründet, der Heidelberger Ruderklub. Der rauschebärtige Präsident und Halbengländer Professor Doktor Edward Hill Ullrich übersetzte an einem freien Nachmittag die Spielregeln des gerade aufkommenden Rugbys ins Deutsche (Fußball und Rugby waren feindliche Brüder und entstammen derselben Sportart). So kam es, dass im Ruderklub am Neckar Rugby gespielt wurde, ja, dort die deutsche Rugbywiege stand und steht. In der Anfangszeit wechselten die Aktiven in der Sportart ab, ruderten im Sommer und spielten im Winter das Spiel, bei dem man nicht nach vorn passen darf.

In der verbreitetsten Spielvariante »Rugby Union« sind in den letzten Jahren von neun Vereinen vier bis fünf aus Heidelberg! Und sie alle klagen dasselbe Lied: dass man sie in Heidelberg höflich ignoriert. Dabei wurde der HRK achtmal deutscher Meister, der SC Neuenheim siebenmal, der TSV Handschuhsheim auch einmal, die RG viermal. Ja bitte, was sollen die Rugbyspieler denn noch erreichen, damit die Heidelberger Society sich mal an den Rand des Rasens herablässt? Das bisschen Regelkunde kriegt man vor Ort schon beigebracht. Die Malstangen (mit Torfunktion) waren in der Anfangszeit übrigens alte Gasleitungen; und so viel Zuwendungen, diese auszutauschen, gab es von Sponsorenseite inzwischen dann doch.

Adresse Harbigweg 14, 69124 Heidelberg-Kirchheim | **ÖPNV** Straßenbahn 26, Halte-stelle Kirchheim, Messplatz | **Pkw** von HD-City Speyerer Straße, nach den Gleisen links | **Öffnungszeiten** Training Di, Do 18.45 Uhr, sonst unregelmäßig | **Tipp** Auf der anderen Seite der Speyerer Straße entsteht gerade das modernste und größte Öko-Wohngebiet des ganzen Landes, unbedingt ansehen.

33___Die Sammlung Prinzhorn

Irre normal

Dass der Name Hans Prinzhorn heute noch bekannt ist, ist ein großer Zufall. Aus schierer Verlegenheit, weil er mit seinen psychisch kranken Patienten nicht weiterwusste, ließ er sie künstlerisch darstellen, was in ihnen vorging. Aber ohne Zweifel gab es einen Moment des Risikos, als er als Mediziner seinen seriösen Ruf aufs Spiel setzte. Das müssen wir heute anerkennen.

Die andere Seite ist die Kunstwelt, in der nicht vorhersagbar ist, wann Werke von unbekannten Künstlern anerkannt werden. Das 20. Jahrhundert hat uns alles gezeigt, von Babykunst, Tierkunst, Performancekunst bis Müllkunst.

Tatsächlich begann bereits um 1895 ein anderer Heidelberger Wissenschaftler, der Psychiater Emil Kraepelin, Diagnosen mit Hilfe von Patientenkunst zu erstellen. Prinzhorn aber begann in den 1920er Jahren eine gewaltige Sammlung, die eine Chance und einen Vorteil hatte. Die Chance bestand darin, dass die zeitgenössische Kunst die Toleranz- und Akzeptanzgrenzen schon sehr weit nach draußen geschoben hatte. Der Vorteil war, dass alle Kunstexperten und vor allem Beflissene sich nach Gutdünken eine Meinung erlauben durften. Irrenkunst ist vogelfrei.

Im bösesten Sinn kann man diese Kunst als Abfallprodukt einer Behandlung sehen. Daher rührt auch die Abqualifizierung der Expressionisten, Surrealisten und anderer, wie zum Beispiel Franz Marc, Oskar Kokoschka und Käthe Kollwitz, als »entartete Kunst«. Die Heidelberger Irrenkunst wurde von den Nazis in denselben Topf gesteckt.

Heute erhält die Sammlung eine halbe Million Euro im Jahr, Ausstellungen werden gesponsert, und außerhalb der Region ist Prinzhorn bekannter als in der Kurpfalz selbst. Und die Sammlung ist ja nicht abgeschlossen, wächst unaufhörlich weiter – ein Dilemma. Allein die sogenannte neue Sammlung seit den 1960ern umfasst 12.000 Exemplare. Ein Luxusproblem für jede neue Ausstellung.

Adresse Voßstraße 2, 69115 Heidelberg-Innenstadt | **ÖPNV** Straßenbahn 22, 32, 35, Haltestelle Bismarckplatz | **Pkw** Parkhölle Heidelberger City, entweder gleich in ein Parkhaus fahren oder am Neckarufer parken! | **Öffnungszeiten** Di, Do–So 11–17 Uhr, Mi 11–20 Uhr | **Tipp** Auf der anderen Straßenseite, direkt am Neckar, ist ein Gedenkstein im Gebüsch versteckt, der an die ehemalige römische Neckarbrücke aus dem 2. Jahrhundert erinnert, die an dieser Stelle stand.

34__ Die Vehikelsammlung
Abgefahren

Am Ende von Eppelheim, wo man nichts ahnt, kläfft sein extrem aufmerksamer Hund hinter dem extrem hohen Zaun mit dem extrem dichten Sichtschutz. Zu Recht, denn die Versicherungssumme des Inhalts dieser Halle ist monströs. Nicht Autos, nicht Oldtimer – Vehikel sammelt dieser Mann, der nicht so recht weiß, ob er wirklich die Öffentlichkeit will. Wie alle nicht behandelten Maniker (was Sammler auch sind) freut er sich einerseits über Interesse an seinen primär seltsamen Objekten, hat enorme Verlustängste, aber will andererseits – und das ist ungewöhnlich – seine Ruhe. Um Besuchern alles zu erzählen, was sie aufnehmen können.

Bert Grimmers Vater war Orthopäde, der Sohn verformte die Fußstapfen zum Beruf des Prothesenbauers. Er kennt sich also mit den Materialien Holz, Metall, Gips und Kunststoff aus, und das ist eine ganze Menge. Als der Vater in den 1960er Jahren den ersten desolaten Dreiradschrott von Messerschmitt im Wald fand, aus dem schon das Grünzeug herauswuchs, fragte der Sohn, was er mit dem Müll sollte. Wunder eins: Der Müll war der Beginn einer wunderbaren Kollektion. Wunder zwei: Nach gründlicher Reinigung lief das Dreirad noch tadellos! Heute besitzt Grimmer 25 motorisierte Krankenfahrstühle und damit die wohl größte Sammlung in Deutschland (über Krankenfahrstuhlsammler führt niemand Rekordlisten, noch). Sein Prachtexemplar pappt voll mit Aufklebern von Touristenzielen und dokumentiert die Mobilität Behinderter in frühester Zeit.

Eines folgte aufs andere. Kabinenroller, Motorroller und eines der in Europa ultraseltenen Amphi-Cars zählen zu den Schätzen. Aber Grimmer wäre kein Sammler, wenn er nicht auch maßlos wäre: Wecker, Zeitschriftenständer, Haushaltsgeräte, Gläser, Kleinmöbel, Kameras – die 50er Jahre dominieren. Die Fahrzeuge begeistern wie in vielen Privatmuseen durch die Nähe, die man als Besucher hat. Man kann sie anfassen, auch mal einsteigen. Und hinterher wissen, dass es viel zwischen Himmel und Erde gibt.

Adresse www.Vehikelsammlung.de – Grimmer gibt sie nur nach Terminabsprache bekannt. **| Öffnungszeiten** nach telefonischer Absprache gemäß Website **| Tipp** Im Wasserturm Eppelheim gibt es ein Hasenmuseum zu bestaunen, das immerhin jeden 1. Freitag von 14–17 Uhr geöffnet hat. Adresse: Wasserturmstraße 8, gleich neben der Hauptstraße. Straßenbahn 22 bis Eppelheim Rathaus.

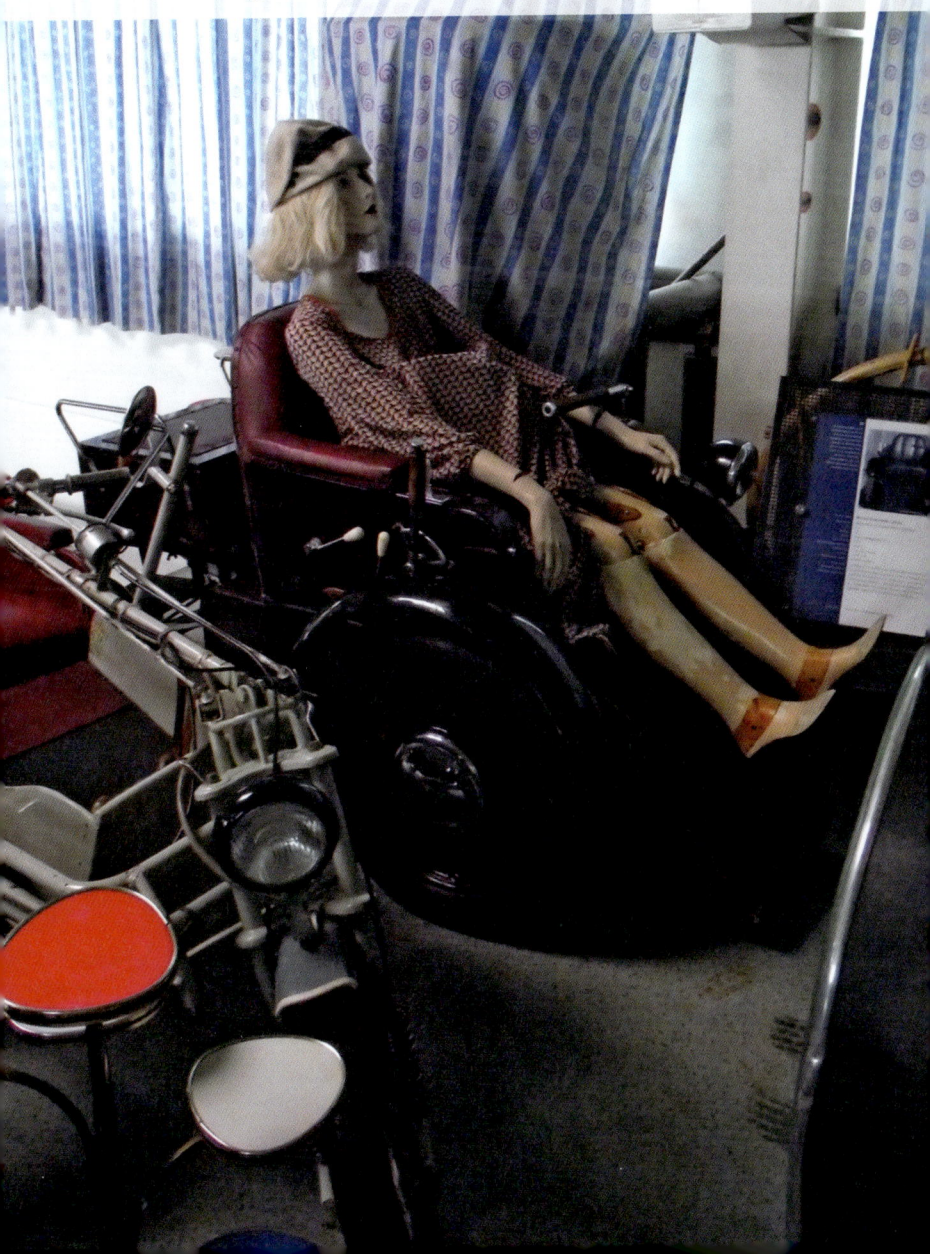

35 Das Verpackungsmuseum

Der Punkt der Grünen

Vor dem Museumsbesuch kann man sich recht detailliert vorstellen, was denn alles *nicht* verpackt ist. Benzin. Strom. Leitungswasser … Ansonsten alles!

An solchen Erwartungen gemessen, sind das Museum und seine Ausstellung enttäuschend klein. Vorausgesetzt, man findet überhaupt den geradezu diskreten Eingang in der Heidelberger Fußgängerzone zwischen Pimkie und Hirsch-Apotheke im Innenhof. Das Bauwerk war zuvor eine Notkirche der katholischen Gemeinde, denn diese hätte sich eine Kirche mit Altkatholiken teilen sollen und wollte nicht. Also wurde von einem Bauunternehmer das Gebäude, das zuvor ein Salzlager war, umgebaut. Das waren die 1870er Jahre. Erst in den 1990ern entdeckte der Verein des Verpackungsmuseums die Räumlichkeiten. Und wieso ein Glaubensstreit und eine Neubewertung von Zweckgegenständen als Kulturgegenstände irgendwie zusammengehört, muss jeder für sich selbst lösen.

Auf der Soll-Seite hat das Museum einen komischen Beigeschmack, denn es sind Großunternehmen der deutschen Konsumgüterindustrie und Lebensmittelhersteller, die durch ihre Spenden diesen Raum am Leben erhalten, ihn aber auch andererseits für kleine Veranstaltungen nutzen dürfen.

Die Haben-Seite ist die Museumsführung. Hubert Harmann hat Witz, Sachkenntnis und ein gewisses Laisser-faire im Blut. Der gebürtige Heidelberger mit Wahl-Wohnort Dossenheim gehört zu den lebenslustigen und streitbaren Urtypen unter den Kurpfälzer Grauschläfen. Halb Privates, halb Historisches, Kulturwissenschaftliches, Regionalgeschichte – im Verpackungsmüll fließt alles zusammen von Herstellungstechnik über Konsumgewohnheiten, dies ist eine klare Stärke. Und Harmann ist Überzeugungstäter. Ausnahmsweise gewährt er einen Blick ins Lager, denn eine ganze Menge Neuerwerbungen bekommen die Museumsmacher von Besuchern einfach mitgebracht. Müll.

O CIGARETTES EGYPTIENNES

TITANIC

A M. BRUXELLES

Adresse Hauptstraße 22, 69117 Heidelberg-Innenstadt | **ÖPNV** Straßenbahn 5, 21, 22, 23, 26, Haltestelle Bismarckplatz | **Pkw** Parkhölle Heidelberger City, entweder gleich Parkhaus, oder am Neckarufer parken! | **Öffnungszeiten** Mi–Fr 13–18 Uhr, Sa, So 11–18 Uhr | **Tipp** Die verfallende Thingstätte aus der NS-Zeit liegt auf der anderen Uferseite den Heiligenberg hoch, eine gute Stunde zu Fuß. Und noch kann man durch die Bäume hindurch die Innenstadt sehen.

36___ Der Zuckerladen
Keine Touristenattraktion!

Das Schaufenster lockt mit einem Möbel samt Schaufensterpuppe, das man nur auf den zweiten Blick versteht: ein Zahnarztstuhl. Und auch im Inneren erkennt man, dass die meiste Ware gar nichts Besonderes ist, nur die Menge.

Showverweigerung?

Jein, nur Kameraverweigerung. Jürgen aus der Bremer Gegend, mit dem kunstvollen Kinnbart und der noch kunstvolleren Brille, und Marion sind nachnamenfreie Leute, die sehr direkt auf das Schild »Kameraverbot« hinweisen. Die einzige Ausnahme machten die beiden für das schwedische Fernsehen. Weil doch die schwedische Königin aus Heidelberg stammt.

Und so lassen sie auf den wenigen Quadratmetern eine Atmosphäre entstehen wie auf dem Hamburger Fischmarkt. Im besten Sinne, wie jeder geniale Händler es kann, lassen sie die Ware in einem Rundumpositiv-Licht leuchten, in fröhlicher Atmosphäre. Vielleicht liegt es daran, dass Zuckerprodukte gern weibliches Publikum anlocken.

Die perfekte Konsumatmosphäre also. Jedes Süßprodukt, das einem einfällt, findet sich in einer Ladenecke. Moderne Klassiker wie Ahoi-Brause oder Scho-Ka-Kola, aber auch in stolzer Bandbreite »diese Gummidinger«. Auf die Frage, was denn die beliebteste Ware oder vielleicht eine besondere Attraktion ist, trompetet Jürgen mit nicht gespielter Eitelkeit: »Wir sind hier die besondere Attraktion!«

Aber neben dem freundlichen Verkaufsgequassel sticht doch eine Dienstleistung heraus: die Geschenkverpackung. Nachdem sich einige Jahre lang die Schenker von Luftballonverkäufern haben bequatschen lassen, zwischenzeitlich aufs neutrale Amazon-Standarddesign umgestiegen waren, so ist der Bedarf nach einer wirklich originellen Verpackung leicht nachvollziehbar. Rätselhaft bleibt nur, wieso dieser Laden noch keine Kette geworden ist. Pst.

Heidelberger
Zuckerladen

Adresse Plöck 52, 69117 Heidelberg-Innenstadt | **ÖPNV** Bus 30, Haltestelle Peterskirche |
Pkw Parkhölle Heidelberger City, entweder gleich ins Parkhaus fahren, oder am Neckar-
ufer parken! | **Öffnungszeiten** Mo–Fr 12–19 Uhr, Sa 11.15–14.45 Uhr | **Tipp** Touristen
fotografieren, die an der Alten Brücke die Affenskulptur von 1979 fotografieren, eine Referenz an eine Affenskulptur, die 1689 zerstört wurde.

37__Der Amtshof
Millionenfrage

Ausnahmsweise Geschichtsstunde, verkürzt. 1847. In Offenburg fand eine Volksversammlung statt, auf der die Abschaffung der Monarchie und Schaffung der Bürgerrechte gefordert wurden. Eine Reihe süddeutscher Landespolitiker aus Hessen, Nassau, Baden und Württemberg sowie ein Preuße trafen sich bei einer Gegenveranstaltung, um zwar auch Bürgerrechte zu fordern, aber den Kaiser weiterhin Kaiser sein zu lassen.

Ein Ort wie Mannheim galt damals als zu aufrührerisch, es musste etwas her, wo man auch von Frankfurt aus gut mit der neuen Eisenbahn hingelangen konnte, ein Ort, gut angebunden und politisch harmlos – man kam auf Heppenheim. Das Treffen von 18 Politikern im Hotel »Zum halben Monde« in Heppenheim bereitete das erste deutsche Parlament in der Frankfurter Paulskirche vor, es ging um die Einführung der Demokratie.

101 Jahre später. Die DDR war beschlossene Sache, die ostdeutschen Liberalen hatten eine sowjetfreundliche Partei gegründet, die LDPD. Westdeutsche Liberale suchten eine Identität und fanden sie in der Vergangenheit.

Ihre Gründungsversammlung verlegten sie dorthin, wo sie ihre geistigen Wurzeln sahen, nach Heppenheim, allerdings nicht in den halben Mond, sondern in den noch historischeren Kurfürstlichen Amtshof. Kapelle und Chor des Anwesens entstanden noch vor 1400, und das Ensemble überlebte teilweise die Jahrhunderte und wird heute als Museum genutzt. Dies wäre eine Gelegenheit für Anspielungen auf die FDP heute, aber ach … Die FDP von 1948 war noch sehr konservativ, in manchen Länderparlamenten wollten (!) viele Abgeordnete rechts der CDU sitzen.

In der Gegenwart hat auch die Heppenheimer FDP nichts dagegen, wenn freie Bürger frei fahren dürfen. Dass zwei ihrer Topleute vor Ort Thomas Vettel und Hubert Vettel heißen, gilt aber als Zufall. Wo wurde die FDP gegründet? Eindeutig die Millionenfrage.

Adresse Amtsgasse 5, 64646 Heppenheim | **ÖPNV** Regionalbahn, Bahnhof Heppenheim, 10 Minuten zu Fuß nach Osten | **Pkw** B 3 in Gräffstraße abbiegen, Laudenbacher Tor links, die Straße wird zur Amtsgasse, am einfachsten ins Parkhaus in der Altstadt fahren, fußläufig ist alles höchstens 5 Minuten voneinander entfernt. | **Tipp** Der Gebäudekomplex ist der ehemalige Kurmainzische Amtshof und beherbergt auch das Museum für Stadtgeschichte und Volkskunde, geöffnet Mi, Do, Sa 10–17 Uhr, So 14–18 Uhr.

HEPPENHEIM

38__Die Odenwaldquelle
Wo der Sprudel sprudelt

Die Firma Odenwaldquelle befindet sich an der Bergstraße in Heppenheim. Dies nimmt jeder Auskunftheischende so hin. Aber wo ist *die* Odenwaldquelle?

Wer an der B 3 am Firmengelände vorbeifährt, könnte denken, na guck mal, da ist sie doch. Aber nein. Es handelt sich lediglich um einen mehr oder minder dekorativen Springbrunnen vor dem Gebäude der Abfüllanlage, wie er auch vor einer Bank oder gar einer Bierbrauerei stehen könnte. Man fand wohl, dass Wasser ganz gut die Branche symbolisiert.

In Zeiten niedergehender Industriekultur, echter Kundenfeindlichkeit und Abschottung wie im 19. Jahrhundert vor lauter Paranoia, ein Besucher könnte eine Sauerei aufdecken, bildet auch die Odenwaldquelle keine Ausnahme. Die älteste Quelle mit dem Namen »Nr. 1« befindet sich auf dem Firmengelände und ist »im Grunde« nur bei Besichtigungen durch Schulklassen zu sehen, oder auch mal, wenn Investoren oder Geschäftspartner aus dem neuen, bösen China sich das Werk ansehen wollen. Entgegen einem weitverbreiteten Missverständnis entstammt das Wasser der Sprudelflaschen »Odenwaldquelle« nicht der Finkenbachquelle, dies gilt nur für das Unterprodukt »Finkenbachquelle«. Odenwaldquellwasser wird aus 180 Meter Tiefe hochgepumpt. Wie bei Ölsuchern werden Probebohrungen durchgeführt, und ähnlich einträglich ist das Geschäft auch, nur viel mehr öko-korrekt.

Die neueste vorzeigbare Quelle ist die Q9 aus dem Jahr 2000. Als man sie fand, kaufte man dem Weinbergbesitzer das Stückchen Land ab und bohrte.

Und es gibt *nichts* zu sehen. Immerhin hat man das *Gefühl*, an einem bedeutsamen Ort zu stehen. Im englischen Quellort Bath knipsen alle Besucher, was man nicht sieht: die unterirdische Quelle unter dem Wasserpegel. Und so sollte man es hier auch tun und ehrfürchtig durch den Zaun gucken.

Adresse Ludwigstraße 75 gegenüber, 64646 Heppenheim | **ÖPNV** Heppenheim Bahnhof, 20 Minuten zu Fuß | **Pkw** B 3 von Heppenheim aus südlich Richtung Laudenbach, die Quelle liegt etwa 500 Meter vom Firmengelände entfernt. | **Tipp** Das private Feuerwehr-museum in der Kirchengasse 12 bietet schon im Außenbereich eine Menge ulkigen Klim-bim, die Sammlung ist grandios, nur der Inhaber ist leider oft auf Auktionen unterwegs und schwer zu erreichen. Tel. 06252/4698.

39___Das Sparkassenmuseum
Bargeld-Los

Die Zeitschrift Titanic führte vor einigen Jahren eine »Liste ekliger Wörter«, und Sparkassenmuseum wäre ein seriöser Aspirant. Wohlgemerkt handelt es sich bei der historischen Institution nicht um ein Geldmuseum, sondern um ein Sparkassenmuseum. Es klingt nach »Überweisungsformular gestern und heute«, es riecht nach Weltspartags-Geschenke-Resterampe, endlosen Spardosenparaden und nach vergilbenden Zinseszinstabellen. Ganz im Gegenteil ist diese Sammlung vielseitig, bunt und einige Male überraschend.

Die Sparkasse Starkenburg stammt zwar aus dem Jahr 1830, dieses gut erhaltene Gebäude ist aber erst 1884 entstanden. Bevor der Bagger es platt walzen konnte, traten kampfbereite Senioren aus dem Gebiet der Starkenburg, also des ganzen vorderen Odenwalds, auf den Plan. Sie heißen Heinrich, Peter, Karl-Diethard, Willi und Karl und tragen den Haarschopf bevorzugt in Grau. In anderen Kultursektoren würden sie als Aktivisten gerühmt. Hier sind es halt die »Sparkassen-Senioren«. Hingabe für ein Geldinstitut, merkwürdig.

Die Führung durch das Museum lohnt sich, und alles, was einem zum Thema einfällt, ist da. Zahlungsmittel aus Kupfer mit 20 Kilo Gewicht, Kakaobohnen und Armreifen, Inflationsgeld, Stahlschränke zum Anfassen.

Die alten Herren klären gern auf, wieso eine Sparkasse keine Bank war: Arme Landarbeiter und Mägde hatten ihr Geld wirklich noch im Sparstrumpf und wurden wirklich oft bestohlen, also beschloss man, sie zu ihrem Glück zu drängen, und zur Belohnung bekamen sie ein Prozent Habenzinsen mehr als wohlhabende Bürger.

Angemeldete Besuchergruppen werden zusätzlich mit leichtem Catering geködert, so viel muss im Werbebudget der Sparkasse schon drin sein. Die wahre Attraktion aber sind die Senioren selbst. Nicht ein Leben lang zur Arbeit gezwungen gewesen zu sein, sondern sie offenbar leidenschaftlich gern gemacht zu haben, das sollte man erleben. Klarer Kritikpunkt sind die minimalistischen Öffnungszeiten.

Adresse Laudenbacher Tor 4, 64646 Heppenheim | **ÖPNV** Heppenheim Bahnhof, 10 Minuten zu Fuß in die Altstadt | **Pkw** Von der B 3 in die Gräffstraße abbiegen, man fährt direkt auf die alte Sparkasse zu. Einige Parkplätze mit Parkscheibe direkt daneben | **Öffnungszeiten** Do 14–18 Uhr | **Tipp** Die Kirche St. Peter in der Kirchengasse 5 scheint überproportioniert für die enge Altstadt und wird verständlicherweise »Dom der Bergstraße« genannt. Die Vorgängerbauten stammen aus dem 8. und 11. Jahrhundert, wovon sich außen an der Sakristei und – unsichtbar – unterhalb des Nordturms noch ein Rest findet.

40__ Vettels Taufkirche

Pilgern mit 300 km/h

»Die Kreisstadt Heppenheim grüßt Sebastian Vettel.« Die Schule hieß zwischenzeitlich auf der Homepage Sebastian-Vettel-Gymnasium. In seiner ersten Siegersaison 2010 grüßte ihn gefühlt jede Pizzeria in Heppenheim. In dem Städtchen mit 25.000 Einwohnern kann kein noch so gönnerhafter Journalist übersehen, dass tatsächlich überall Schilder aufgestellt sind, die auf die »Radarkontrollen im gesamten Gebiet« hinweisen. Wieso das eine Autogegend ist? Weil Traktoren zu langsam sind.

Der Formel-1-Weltmeister hat sich ins Goldene Buch der Stadt eingetragen, ist Ehrenbürger geworden, Backwaren und Restaurantgerichte werden nach ihm benannt. Niemand scheint ihm zu verübeln, dass er aus steuerlichen Gründen seinen Wohnsitz in die unverändert millionärsfreundliche Schweiz verlagert hat. Sein Elternhaus steht aber nach wie vor hier.

Kerpen hat ohne Frage von den Erfolgen Michael Schumachers profitiert, auch wenn der Vergleich etwas hinkt, denn das schmucklose Nest im Rheinland hatte vorher nur die übliche Phalanx an Eiscafés zu bieten. In Heppenheim hingegen gab es einen durchaus sichtbaren Tourismus. Aber nun gibt es immer Leute, die mal anhalten und schauen. Wo ist der Messias her? Wie sieht seine Umgebung aus? Ist es wirklich diese Luft, die der Gesalbte geatmet hat? Hat er womöglich hier sein erstes Benzin getankt?

In den 1960er Jahren wurde die Christuskirche in der Theodor-Storm-Straße gebaut und darf deshalb so aussehen. Der Glockenturm ist allerdings neueren Datums, 2003er Baujahr. Und ist es nicht ein Zeichen, dass die Kirche und das dazugehörige Gemeindezentrum »barrierefrei« sind? Und dass es eine Schwerhörigenanlage gibt? Ja, so ist es, hier wurde Sebastian Vettel, geboren am 3. Juli 1987, getauft. *Sein* Taufbecken steht hier. Und nicht etwa in der Friedrich-Hebbel-Straße in der katholischen Kirche »Erscheinung des Herrn«. Auch wenn es nahe liegend wäre.

Adresse Theodor-Storm-Straße 10, 64646 Heppenheim | **ÖPNV** Heppenheim Bahnhof, 5 Minuten Fußweg | **Pkw** B 3, abbiegen Richtung Lorsch, Uhlandstraße links | **Öffnungszeiten** Gottesdienst So 10 Uhr, sonst unregelmäßig geöffnet | **Tipp** Oberhalb Heppenheims stehen Teile der Starkenburg, die zum Schutz des Klosters Lorsch gebaut wurde. Die schönste Spukfigur ist die Weiße Frau, die morgens nach Sonnenaufgang heulend herumgeistert, denn ihr Gatte starb bei der Verteidigung der Burg. Über die B 460 kommend den Schildern folgen. Vom Bahnhof eine halbe Stunde Fußweg.

41 Das Tabakmuseum

Rauchbrauch

Hat die Schautafel mit Balkendiagrammen und Listen noch Chancen neben Touchscreens und Audio-Tools?

Wenn das Tabakmuseum in Hockenheim ausschlaggebend wäre, dann durchaus. Vieles ist auf dem Stand der 1980er Jahre, nicht nur das Zahlenmaterial.

Das frappierendste Beispiel ist das Modell eines Folienschuppens zum Trocknen der Blätter, erbaut von Neuntklässlern. Von Kindern! Wehrlos der Hydra Tabakindustrie ausgesetzt, süchtig gemacht noch vor der Volljährigkeit, kulturell missbraucht regelrecht!

In Hockenheim wurden Zigarren hergestellt. Indessen wird hier seit 2009 kein einziges Blatt der amerikanischen Kulturpflanze mehr angebaut, die wohl noch in diesem Jahrhundert in freier Wildbahn ausgesetzt und damit wieder zur Wildpflanze wird. Stattdessen beackert der Landwirt seine Kraichgauer Scholle mit Kartoffeln, Mais, Karotten, Lauch.

Das 1984 eröffnete Museum logiert seit 2010 unter einem Dach mit der Stadtbücherei und der ehemaligen Zehntscheune, also sozusagen dem ehemaligen Finanzamt.

Die Besucher sind häufig Vereine, Landfrauen etwa, die staunend vor einem Einrauchgerät für Pfeifen oder einer Pudermaschine stehen.

Den Aufpasserdienst teilen sich zwei Unruheständler, der eine heißt Hans Christ, hat eine schöne große Nase, ist 72 Jahre alt und erzählt gern etwas über den Tabak, aber auch über seine Heimatstadt Hockenheim.

Mit einem wie ihm macht es Spaß, sich gewesene Stadtgeschichte vorzustellen, ohne dass sie nach Gilb klingt. Wie lange das Museum aber noch eine Chance hat, weiß er auch nicht. Es ist ja selbst schwer zu sagen, wie lange die benachbarte Stadtbücherei eine Chance hat, bis sie von einer Cloud-Datenbank im digitalen Äther abgelöst wird.

Adresse Untere Mühlstraße 4, 68766 Hockenheim | **ÖPNV** Bus 717, Haltestelle Hockenheim Rathaus | **Pkw** A 61, B 36 bis Hockenheim-Zentrum | **Öffnungszeiten** Di–Do und jeden 2. Sonntag im Monat 15–17 Uhr | **Tipp** Die an der Hauptstraße liegende Kirche St. Georg entstand erst 1911, ein erstaunlicher Jugendstilbau, dessen Glocken im Ersten Weltkrieg zu Waffen gegossen wurden, danach ersetzt durch neue Glocken, die im Zweiten Weltkrieg wieder zu Waffen wurden und 1951 endgültig ersetzt.

42 — Das Naturschutzgebiet
8.311 Robinsone im Neckar

Wann ist eine Insel eine Insel? Man verheddert sich gründlich nach
Herzenslust in unverständlichen Urteilen des Internationalen See-
gerichtshofs in Hamburg, wenn man ernstlich versucht, es heraus-
zufinden, nur um am Ende zu erfahren, dass man mal wieder in Wahrheit überhaupt gar nichts weiß. Machen wir's kurz: Ilvesheim ist eine
Insel, auch wenn der Neckarkanal, wie der Name andeutet, künstlich
ist. Demnach ist auch die Insel eine künstliche. Aber kümmert's Ro-
binson?

Das Wort Neckarinsel klingt zugegeben ein bisschen nach mo-
negassischer Armee, aber spätestens wenn man hier steht, muss man
es einsehen.

Über den Neckarkanal führen bei Ilvesheim drei Brücken, über
den Neckar nur eine. Plus allerdings die Mutter aller Ilvesheimer
Brücken, die A 6 über beide.

Von der Feudenheimer Straße aus Richtung Süden fährt man
rechts in die Uferstraße und parkt. Das Naturschutzgebiet ist eines
der kleineren und unauffälligeren und wird bevorzugt von Joggern
und Hundebesitzern genutzt. Die Faszination am Leinpfad machen
vielleicht die dominierenden Strommasten aus, vielleicht auch die Au-
tobahnbrücke, aber letztlich überwiegt das erhebende Gefühl, zwei-
fellos im lautesten Naturschutzgebiet der Kurpfalz zu stehen. Und
man muss vor den Vögeln den Hut ziehen, dass sie es schaffen, gegen das Rauschen des Neckars und das Dröhnen der A 6 anzubrül-
len. Kein Schwan, keine Ente, die sich von der Kulisse vertreiben lie-
ße.

Ornithologen freuen sich über Turmfalke, Drosselrohrsänger,
Zwergdommel und über 100 weitere Arten. Ichthyologen bejubeln
Barbe, Gründling und Nase. Experten kümmern sich um die »Ent-
landung ehemaliger Schluten«. Schön.

Der Spaziergang bis zum westlichen Ende der Insel Ilvesheim
lohnt sich so oder so.

Adresse Am Leinpfad, 68549 Ilvesheim | **ÖPNV** Bus 625, 628, Haltestelle Ilvesheim Rathaus | **Pkw** von Feudenheim aus die Feudenheimer Straße rechts bis Uferstraße, dort kann man auch parken | **Tipp** Nebenan in Ladenburg ist das Stauwehr im Neckar kaum zu übersehen, viel eher die Unterwasserkamera, die Fischarten an der Stautreppe aufzeichnet, im Höchstfall 2.000 am Tag. Es liegt an der Ilvesheimer Straße gegenüber dem Industriegebiet Altwasser.

43__Die Mitte der Kurpfalz
Anstoß

Wenn wir die Metropolregion Rhein-Neckar als geographisch real annehmen und mit der Kurpfalz gleichsetzen, dann muss sie auch einen Mittelpunkt haben. Wenn wir als äußerste Ortschaften Annweiler im Westen, Buchen im Osten, Bensheim im Norden und Wörth im Süden annehmen und mit dem Lineal eine mehr oder minder wackelfreie Linie ziehen, kreuzt sie sich genau hier. Schubertstraße 36 in Ketsch.

Ketsch als Mittelpunkt der Welt. Mag sein, dass diese Welt sehr klein ist. Folgerichtig ist es ihr Mittelpunkt ebenso. Ketsch als mittelgroßes Kleinstädtchen ohne besondere Kennzeichen, nicht ausgesprochen hässlich, aber auch keine Venus von Milo. Die Schubertstraße ist nicht sehr lang und nicht sehr laut und nicht sehr grün. Die Häuser wurden in den 1950er Jahren gebaut, als man viele Häuser brauchte. Man fühlt sich hier wohl, sagen die Bewohner. Die vielen Aussiedler aus Russland, die nach 1989 kamen, wohnen eher dahinter im Neubaugebiet.

Diese Ecke von Ketsch ist verkehrsberuhigt, wie viele Straßen hier. Die Schubertstraße geht bis Hausnummer 40 und ist nicht blütenweiß, aber vollkommen graffitifrei. Es gibt kein einziges Ladengeschäft hier. Die Straße ist zum Parken da.

Ketscher sind umgängliche Leute. Man muss es nur schaffen, dass einem keiner unbedingt diese endlos dröge Enderle-Arie vorsingen will, die eigentlich eine Art Sage ist. Eine Person dieses Namens aus dem 16. Jahrhundert war hier Schultheiß, also Finanzminister und Steuereintreiber. Er lehnte sich gegen den Kurfürsten auf und bekam so massiven Ärger, dass seine Tochter dabei starb. Die Geschichte ist so eigenartig öde, dass sie sehr wahrscheinlich wahr ist. In Ketsch fand man, dass deswegen ein Denkmal hermusste, und das steht vor dem örtlichen Rathaus (der Bürgermeister von Ketsch ist übrigens parteilos). Aber davon ist in der wesentlich spannenderen Schubertstraße nichts zu sehen.

Adresse Schubertstraße 36, 68775 Ketsch | **ÖPNV** Bus 710, Haltestelle Schillerplatz | **Pkw** K 4250 (Schwetzinger Straße), links in die Hardtwaldstraße, rechts in die Schubertstraße | **Tipp** Am Altrhein führt die Speyerer Straße zur beschaulichen Kraichbachmündung mit dem Bootsanleger.

44__Der Schriesheimhügel
Erdkrümmung

Man kann in Ladenburg ein Stück Schriesheim besichtigen, begehen und besteigen; ob man in Schriesheim auch Ladenburg findet, ist nicht bekannt.

Es geht um den Branich-Tunnel. Wie bei teuren regionalen Bauprojekten Sitte, dauert es etwas länger und wird etwas teurer. In diesem Fall planten die Schriesheimer schon in den 1950er Jahren einen Tunnel für die Ortsumgehung durch den Branichberg. Der Spatenstich erfolgte immerhin 2008, Fertigstellung ist irgendwann 2015 oder so, laut Plan.

Ob alle Brücken benutzbar, alle Zufahrtsstraßen fertig sind, gehört zur spannenden wie beliebten Krimi-Reihe »Tatort: Rhein-Neckar-Baubranche«.

Aber große Ereignisse werfen große Schatten voraus. Gegenüber dem Stauwerk im Neckar liegt er jetzt am Straßenrand herum, ein Teil Schriesheims. Für Schriesheimer mütterliche Erde. Für allerlei einheimische Tier- und Pflanzenarten ebenso. An so einem Strommast, wie er hier mittendrin steht, stören sich viele Spezies kaum und haben es sich gemütlich gemacht. Nichts ist so haltbar wie ein Provisorium, könnte auch hier zutreffen. Und was passiert nun mit der Erde?

Nicht dass die Ladenburger darauf gewartet hätten, aber gewehrt haben sie sich auch nicht. Was hier abgeladen wurde, soll künftig beim Bau einer Brücke von Ladenburg nach Edingen-Neckarhausen verwendet werden, irgendwann … Klar, es gibt Schlimmeres als nutzlos herumliegende Erde. Eine Meinung, die der unmittelbare Nachbar nur bedingt teilt. Sie riecht nicht, sie lärmt nicht, aber im Blickfeld ist sie doch.

Und wenn man ganz ehrlich ist, kann man es dem Mann nicht übel nehmen. Positiv gesehen werden sich bald die ersten Biologen darum prügeln, denn urbares Land mit Verwilderungstendenzen ist begehrt.

Adresse Ilvesheimer Straße, etwa Höhe Daimlerstraße, 68526 Ladenburg | **ÖPNV**
Regionalbahn nach Ladenburg Bahnhof, 1 Kilometer Fußweg am Neckar entlang |
Pkw von Ilvesheim: Ilvesheimer Straße, von Ladenburg aus auch | **Tipp** Die aufwendig
bemalten Odenwälder Bauernschränke im Lobdengau-Museum werden leicht unter-
schätzt. Amtshof 1, gegenüber der ehemaligen Carl Benz-Werkstatt. Öffnungszeiten
Mi 14–17 Uhr, Sa, So 11–17 Uhr.

45__Der Biedensand

Stilvoll still

Lampertheims mit Abstand sehenswertester Flecken ist der Biedensand, das Naturschutzgebiet, für das man gern Zeit mitbringen und hierlassen kann.

Seit 1928 ist das Gebiet geschützt und erstreckt sich über 500 Hektar, fünfmal die Innenstadt von Mannheim. Richtig verlaufen mit Hunger, Durst und kreisenden Geiern kann man sich zwar nicht, aber es kann nicht schaden, vorher einen Blick auf den Plan zu werfen, der am Zugang aufgestellt ist. Er weist auch auf so seltsame Dinge hin wie Brennnesselfluren, Seggenried und Ackerland. Einige Bereiche hier sollen gar ursprünglich sein, also echte Wildnis! Seit den 1970er Jahren ist ein Teil generell nicht zugänglich: Die Ludwigsinsel hat man der Natur überlassen und den Menschen ausgesperrt.

Biedensand ist nicht das einzige Altrheingebiet der Kurpfalz, aber eines der weitläufigsten und der schönsten. Es sind nicht viele auffallend seltene Pflanzen, zumindest für Laienaugen, die dem Spaziergänger begegnen, es ist eher der Grad, in dem weite Bereiche verwachsen, verwuchert und verschlungen sind. Man geht und geht und kann sich irgendwann gar nicht erinnern, dass ein Wald auch aufgeräumt sein kann. Sauerstoffrausch, sei willkommen, kannst gerne 'ne Weile bleiben.

Gewaltiges Gras türmt sich auf, wie es zu einer Auenlandschaft gehört. Wenn man aus dem Wald heraustritt, landet man auf Streuobstwiesen, die ein bisschen wirken wie ein Versteckte-Kamera-Witz. Ebenso die dazugehörigen Wildbienen. Immer wieder machen Schilder den Stadtmenschen ein klein wenig schlauer, zum Beispiel über Totholz, keineswegs »Unordnung im Wald«, sondern das »biologische Gold« im Ökosystem. Putzig die Warnung, dass herabfallende Äste gefährlich sein können, ach: Lebensgefahr besteht sogar! Und wenn man mal genug gelesen hat über Moorfrosch und Sumpfschrecke, bietet der Biedensand sogar eine Gaststätte. Wegen des anhaltenden Sauerstoffrauschs.

Durchgang verboten!
Lebensgefahr durch
herabfallende Äste
Obere Naturschutzbehörde

Adresse Zugang über Bachgrund, vom Hauptbahnhof aus 2 Kilometer zu Fuß, 68623 Lampertheim | **ÖPNV** Buslinie 603, Haltestelle Lampertheim, Biedensand | **Pkw** B 44 südlich Richtung Mannheim, Biedensandstraße rechts | **Tipp** Das unübersehbare Kernkraftwerk Biblis war eines der KKWs mit den meisten meldepflichtigen Zwischenfällen, durch zwei symmetrische Doppeltürme ist es immerhin ästhetisch ein Glanzlicht im Ried. Ansehen, solange es noch steht. Führungen unter Tel. 06245/214803.

46 Die Umspannanlage
Saftig

Nur an sehr wenigen Stellen steht in Deutschland eine Umspannanlage so auffällig im Gelände und ist dazu noch nah an der Straße und gut erreichbar. Wobei man das »Erreichen« nicht übertreiben sollte.

Umspannwerke werden nicht zu touristischen Zwecken erbaut, üben aber eindeutig eine Faszination aus wie vor Jahrhunderten nur Königsschlösser und Kathedralen, kein Wunder bei einer Fläche von etwa 25 Hektar.

In Lampertheim werden die angelieferten 380.000 Volt auf eine niedrigere Spannung heruntergefahren. Kleinere Anlagen, die den normalen Haushaltsstrom von 230 Volt erzeugen, stehen meist in den Ortschaften. Auch wenn man die tatsächliche Spannungsstärke nicht kennt, muss man schon todesmutig sein, wie die Diebe, die Anfang 2011 60 Meter Kupferkabel vom Gelände stahlen.

Richtig aufregend wurde es im April desselben Jahres. Eine Polizeistreife sah den Feuerschein des brennenden Messwandlers. Das ist ein Gerät, das den Strom proportional so »herunterkocht«, dass man seine Stärke messen kann, ohne dass die Messgeräte dabei zu Staub verglühen.

Die Polizisten also verständigten alle örtlichen Feuerwehren in Hofheim, Bürstadt und Lampertheim. Zum Glück schaltete sich die Anlage automatisch ab, wodurch die Feuerwehr mit Pulver und Wasser löschen konnte. Was wäre, wenn die Anlage unter Strom stünde?

Kein Feuerwehrmann würde es überleben, es gäbe weitere Kurzschlüsse, allerdings bestünde selbst dann keine Gefahr für die nur wenige hundert Meter entfernt stehenden Wohnhäuser von Rosengarten.

Die Genehmigung für Windräder ist bereits erteilt, und hoffentlich bleibt das großartige Umspannwerk auch dann erhalten, wenn das AKW Biblis nicht mehr existiert.

Adresse Nibelungenstraße, 68623 Lampertheim | ÖPNV Vom Bahnhof Bürstadt eine gute halbe Stunde Fußweg die Nibelungenstraße durch am Pumpwerk vorbei. | Pkw von Bürstadt B 47 Richtung Rosengarten | Tipp Recht nahe liegt das Dreiländereck der Bundesländer am Rhein, wenn es auch streng genommen mitten im Rhein liegt, aber es ist ein sehr stimmungsvoller Ort.

47 __ Erdöl
Ackergold in schwarz

Sanddünen, Straußeneier, Öltürme, klarer Fall, wir müssen weit im Süden sein.

Aber nicht in Nordafrika, sondern schon noch mitten in Europa. Allein deswegen ist und bleibt die Kurpfalz eine bemerkenswerte, aber eigenartige Gegend.

Sicher, in Niedersachsen wird das meiste deutsche Öl aus dem Boden gepumpt, aber das Bild von pfälzischen Obstgärten, Weinreben und gleich um die Ecke die gelangweilt nickende Pferdekopfpumpe – »nodding donkey« – lässt einen unwillkürlich grinsen. Vielleicht fehlt einfach die dazu passende äußere Identifikation der Pfälzer: staubige Reithosen, sonnenbleiche Karohemden, unverwüstliche Fransenlederjacke, übergroßer Stetson und klirrende Cowboystiefel.

Gerade um Landau herum wird schon seit den 1950er Jahren Erdöl gefördert, auch wenn man es nicht riecht. Diese Quelle liegt bei Dammheim direkt neben einem Wohnhaus, was aber weder der Quelle etwas ausmacht noch dem Wohnhaus. Alles, was man nicht darf, ist, wie üblich, Rauchen und verbotenes Betreten. Der Nachbar nebenan darf zum Beispiel in seinem Garten nach Herzenslust grillen.

Eine neue Förderstelle wie diese wird nur 20 Jahre in Betrieb sein, dann lohnt sich der »nodding donkey« nicht mehr für das Förderunternehmen Wintershall, eine leibliche Tochter der BASF, die das Landauer Öl nach der Raffination für ihr Werk in Ludwigshafen gut gebrauchen kann.

In diesem Gebiet liegen die Erdölvorkommen in 500 bis 1.800 Meter Tiefe, und wer auf die Idee kommt, durch Gedanken an Umweltschutz und Nachhaltigkeit und andere politisch korrekte Miesepetrigkeiten die Ry-Cooder-Atmosphäre zu verderben, sollte einfach weiterfahren und sich das Nußdorfer Bauernkriegshaus ansehen.

Adresse Am Sandgraben 3, 76829 Landau | **ÖPNV** nur ein Ruftaxi ab Landau ZOB | **Pkw** A 65, Abfahrt Dammheim zur B 10 | **Tipp** In Landau-Nußdorf hat ein Bauernkriegshaus mit winzigem Museum die Jahrhunderte überlebt. Geöffnet ist es von Mai bis Oktober wochenends 14–17 Uhr, Führungen unter Tel. 06341/62928, Kirchstraße 66. Von Dammheim aus rechts in die Lindenbergstraße, dann rechts in die Kirchstraße.

48 Der Galeerenturm

Gewalt und gaga

Manchmal ergeben Dinge keinen Sinn, auch bei mehrmaligem Hinschauen.

Hans Hoffmann aus Heidelberg war der schlimmste Verbrecher der Kurpfalz aller Zeiten! Auch wenn er seine Taten unter der Folter gestand, waren viele Orts- und Personenangaben doch zu genau und richtig, um Zufall zu sein, wie Andreas Imhoff in *der* Pfälzer Sammlung von Kriminalgeschichten erzählt, »Der Pfälzer Pitaval«. Hoffmann begann mit Diebstahl, Wucher, Messerstecherei, Körperverletzung, Hochstapelei, Zechprellerei, Unzucht, Betrug, und in späteren Jahren beging er regelmäßig Morde, meist Raubmorde. Sein Aktionsgebiet war der gesamte Südwesten, und dass er in Landau bei einem Betrug gefasst wurde, war purer Zufall. 18 Jahre lang log und betrog Hoffmann offenbar, wie es ihm gerade passte. Unter der Folter in Landau gestand er summa summarum 98 Straftaten, die er in seiner Karriere als Krimineller begangen hatte. Bevor das Todesurteil gegen ihn gesprochen und vollstreckt wurde, saß er in diesem Galeerenturm.

Er gehörte vermutlich zu einer Burg, die schon Anfang des 14. Jahrhunderts abgerissen wurde; später hat man den Turm in die Landauer Stadtmauer eingegliedert. Zeitweise diente er als Gefängnis, dessen Häftlinge mit Galeerendienst bestraft wurden, daher der Name.

Nun zu den Dingen, die keinen Sinn ergeben. Seit 1992 ist der Galeerenturm in den Klauen der Gesellschaft der Niederländter, einem albernden Herrenclub, der seit über 100 Jahren in Landau vor sich hin dichtet, malt und palavert, unter Beachtung der Regeln des Gründers der kruden Feierabendbohemiens: »irreale Umgebung im Gewand eines fiktiven Frühbarock, eine Sprache, die dem Simplicissimus entlehnt ist und Zählen der Zeit nach Jahrtausenden«. Man ahnt es, der Verfasser dieser Zeilen ist vor Ort auch für die Elwetritsche-Kultur zuständig. Manchmal ergeben Dinge keinen Sinn, auch bei mehrmaligem Hinschauen.

Adresse Burghofgasse, 76829 Landau | **ÖPNV** Landau Bahnhof, 15 Minuten Fußweg |
Pkw A 65, Abfahrt Landau-Nord Richtung City, im Bereich Nordring parken | **Öffnungs-
zeiten** Kontakt Wilhelm Hauth Tel. 06341/89263. Ob man reindarf, ist Verhandlungs-
sache. Aber eigentlich nicht. | **Tipp** Der Reptilienzoo Landau wirbt damit, der größte des
Landes zu sein, ist auf jeden Fall ein Muss für Freunde kalten Blutes. Täglich 10–18 Uhr
geöffnet, zu erreichen über die A 65, Ausfahrt Landau-Zentrum.

49___Der Mennonitenfriedhof

Ableben abgelegen

Mennoniten sind nicht mit den radikalen Mormonen und den vorsintflutlichen Amish zu verwechseln. Sie lehnen den Krieg und den Einsatz von Waffen ab, sie leisten nie Eide, denken sehr bibelnah und finden es unsinnig, Kinder zu taufen. Und Mennoniten freuen sich über Besuch in ihrer Gemeinde.

Hier auf dem Kohlhof lebt ein sprechendes Zeugnis fast ungebrochener kurpfälzischer Religionstoleranz. 1661 siedelte der Kurfürst zwei mennonitische Familien an, der Ursprung der heutigen Gemeinde.

Mitte des 18. Jahrhunderts durften Mennoniten nicht mehr auf protestantischen Friedhöfen bestattet werden und richteten hier daher ihren eigenen Friedhof ein. Direkt an der Hauptstraße steht die Kirche aus dem späten 19. Jahrhundert, den Friedhof aber findet man nicht durch Zufall. Man muss schon durch das Hofgut mitten zwischen Ackergerät hindurchgehen und wissen, dass es hinter der mannshohen, blickdichten Hecke etwas zu sehen gibt. Das gusseiserne Tor ist nur geschlossen, nicht *ver*schlossen.

Die Grabstätten kann man sich ganz in Ruhe und ganz allein ansehen, denn hier draußen gibt es keine Zeit. Nur einige offenbar gedopte hyperaktive Hundertschaften Fliegen. Landluft. Die Gräber unterscheiden sich nur in winzigen Details von den vertrauten katholischen und evangelischen. Inschriften lauten gerne mal »PS 62,6, Matth. 25 Vers 10«. Der Hintergrund ist die außergewöhnlich gute Bibelkenntnis dieser Kirche, angeblich auch schon in Zeiten, als der gemeine Deutsche noch Analphabet war.

Der Friedhof ist so klein, und die Hecke ist so hoch, dass man sich ein wenig wie auf dem Gelände einer Kirmes für Kleinkinder fühlt, wo immer Bambis zwischen Minitannen herumliegen und Zwerge mit Lampen aufpassen, dass nichts passiert. In einer Viertelstunde kann man sich auch bei langsamstem Tempo sämtliche Gräber ansehen. Freunde sinnloser Rekorde mögen sich freuen, dass man hier vermutlich auf dem kleinsten Gottesacker der Kurpfalz steht.

Adresse Schifferstadter Straße 5, 67117 Limburgerhof-Kohlhof | **ÖPNV** S-Bahn, Regio-
nalexpress bis Schifferstadt, Fußweg 2 Kilometer von Schifferstadt | **Pkw** B 9, Richtung
Speyer, Ausfahrt Rehhütte | **Tipp** Über die aktuellen Öffnungszeiten der Mennoniten-
kirche an der Hauptstraße sowie deren Veranstaltungen informiert Jörg-Dieter Landes
unter Tel. 06236/2007.

50__ Das Dahlien-Labyrinth
Zwergensprint

Erst mal: Wo ist das? Lingenfeld liegt nordwestlich von Germersheim und ist von daher vielleicht noch vom Vorbeifahren manchem ein Begriff.

Lustadt, Loscht genannt, liegt ein gutes Stück weiter westlich, bei Zeiskam. Eine ruhige, grüne, unaufgeregte Gegend. Die Weltgeschichte hat sich nie um Lustadt gekümmert, und die einzigen Wegmarken auch in den Nachbarkäffern sind die Aussiedlerhöfe. Kein Wunder, dass die anzuvisierende Straße nicht Straße heißt, sondern Am Sträßel.

Theo Gauweiler ist eine Art Dahlienvati, ein Dahlienflüsterer, und er hat einen Dahlienpark eröffnet. Rosenzüchter, ja, das kennt man. Auch bei Tulpen und Amaryllis finden sich Fachleute. Aber Dahlien?

Gauweiler bewirtschaftet vier Schnittfelder voller Dahlien. Der Mann hat fast 400 verschiedene Sorten Dahlien gepflanzt. 400! Sein Dahlienwahn nahm 2009 konkrete Züge an, und er zeigt Mut, denn die Saison für die Blumen aus Zentralamerika ist kurz.

Nun zum Labyrinth. Das Lexikon verlangt bei Labyrinth ein Ding »mit vielfach sich kreuzenden, unübersichtlichen Gängen mit verschachtelten, irreführenden Wegen«. Labyrinth bedeutet entweder Lebensgefahr aufgrund freilaufender Minotauren oder aber wenigstens alberne höfische Erotikspielchen. Im Dahlien-Labyrinth sieht's anders aus. Über 1.000 Stück sind hier gepflanzt, über 300 Sorten sind enthalten, auf 1.600 Quadratmetern verteilt. Das ist alles recht aufregend so weit. Nur werden Dahlien höchstens einen Meter fünfzig hoch. In Zahlen: 1,50 Meter. Tja, man kann sich auch hier verstecken, zumindest in der kurzen Saison von Juli bis Oktober. Oder aber um Rat fragen bei der Deutschen Dahlien-, Fuchsien- und Gladiolen-Gesellschaft, kurz DDFGG. Im Zweifelsfall sei empfohlen, die Taschenlampe und den digitalen Kompass zu Hause zu lassen.

Adresse Am Sträßel 40, 67363 Lingenfeld-Lustadt | **ÖPNV** Bus 587, Haltestelle Lustadt | **Pkw** B 9, Ausfahrt Weingarten und Lustadt, weiter die B 272 Richtung Bornheim | **Tipp** Von der Lachenmühle (=Straßenname) in Lustadt aus führt der Bacherlebnisweg an der Druslach entlang bis zur Rheinmündung, ein sehr nettes Naturerlebnis samt Marienaltärchen und vermoosten Grenzsteinen.

51 Die Klosterkirche

Konfession mit Konfusion

Sich im Kleinen Odenwald nicht so gut auszukennen ist keine Schande. Noch weniger zählt es zum Schulwissen, dass die Gemeinde Lobbach erst in den 1970er Jahren entstand und ein Zusammenschluss von Waldwimmersbach mit Lobenfeld ist.

Wenn man nach Lobenfeld hineinkommt, scheint der etwas überschniegelte Ort im Grunde nur aus der Kirche mit Nebengebäuden zu bestehen, und ganz so falsch ist der Eindruck gar nicht. Der zweite Blick gilt dem Kräutergarten, also muss hier noch etwas Religiöses leben, und der dritte Blick sieht, dass diese alte Kirche nicht ganz normal ist.

Das Kirchengebäude selbst stammt aus der Stauferzeit, das Kloster ist sogar von 1145. Bald nachdem Augustiner das Kloster gegründet hatten, entstand außen herum der Ort Lobenfeld. Um 1300 waren es die Zisterzienser, die hier das Sagen hatten, und später, im 15. Jahrhundert, die Benediktiner. Verwirrend? Das ist noch lang nicht alles. Nach der Reformation wurde das Kloster aufgelöst, dann kamen Jesuiten, dann brachte man Schweizer und Engländer hierher, denn nach dem Dreißigjährigen Krieg war die Gegend fast entvölkert. Die Engländer waren Sabbatisten, also Christen, die aber den Sabbat einhalten. So viel sei zur allgemeinen Konfusion beigetragen.

Die Kirche selbst nun ist aus zwei Gründen absolut sehenswert. An den Wänden befinden sich noch Wandmalereien in ordentlicher Erhaltung, die teilweise aus dem 13. Jahrhundert stammen. Natürlich wurde eine so alte Kirche mehrfach umgebaut, repariert, dies und das. Zuletzt aber hat ein zeitgenössischer Architekt das Langhaus modern umgebaut, so tief greifend, dass einem fast die Orientierung fehlt. Architekturpreise waren die Folge.

Schließlich sei der Konvent erwähnt. Wie, den gibt's noch? Nein, es gibt *wieder* einen. Auch im 21. Jahrhundert werden Konvente gegründet! Sieben Leute führen ein geistliches Leben in benediktinischer und zisterziensischer Tradition.

Adresse Klosterstraße 110, 74931 Lobbach-Lobenfeld | **ÖPNV** Bus 754, Haltestelle Lobach, Ortsmitte | **Pkw** ab Neckargemünd Schildern folgen | **Öffnungszeiten** Führungen nach Vereinbarung unter Tel. 06226/41769 | **Tipp** Das Heimatmuseum in Epfenbach ist allemal sehenswert und atmet denselben verschlafenen Charme. Es ist über die L 530 zu erreichen.

52__Der Buddhatempel
Denken Sie jetzt an nichts!

»Die ungestörte Religionsausübung wird gewährleistet«, gönnt uns freundlich Artikel 4 unseres Grundgesetzes. Und wenn dazu gehört, bunte Bänder um einen Baum zu wickeln, Dachziegel mit daraufgeschriebenen Mantren zu stapeln und einen Buddhatempel aus Holz *en miniature* zu bauen, dann sagt unser Grundgesetz auch da, hau rein, wenn's Spaß macht …

Thailändischen Frauen, mit Kurpfälzer Männern verehelicht, fehlte die Möglichkeit, ihre buddhistische Religion auszuüben, und so freuten sie sich sehr, als 2006 im Mannheimer Rheinauhafen ein Tempel eröffnet wurde. Der eingeflogene Mönch Phra Chatchawan Apakaro Sarakhan sprach zwar noch kein Deutsch, fand insbesondere das sogenannte thailändische Essen lächerlich mild und musste sich an das Phänomen »Jahreszeit« gewöhnen, aber dass es in Mannheim bibberkalt war, wenn man im Dezember thailändische Mönchskluft trug, verstand er auch ohne Sprachkenntnisse ganz ausgezeichnet.

Inzwischen logiert die Gemeinde in Ludwigshafen, gibt Sprachkurse in beide Richtungen und sich offen, bunt, freundlich. Glöckchen im Wind, Regale für Schuhe, innen große Buddhastatuen und viel Platz für den Lotussitz – alles, was Lieschen Müller zum Meditieren benötigt. Der Mönch tut es übrigens dreimal täglich eine Stunde lang, ernährt sich nur von Gespendetem und isst nach 12 Uhr mittags nichts mehr, nimmt nur noch Flüssigkeit zu sich, wie früher, als sich in diesen Räumen eine Kneipe mit Kegelbahn befand. Phra Chatchawan Apakaro spricht inzwischen gut Deutsch, friert immer noch etwas und lacht auch noch über das deutsche Thaiessen. Der Wat Thai Buddha Apa Verein ist ein e.V., wie bei Moslems auch, und wird von 500 Mitgliedern aus der ganzen Gegend plus Karlsruhe, Lautern und Pirmasens getragen (eine Zahl, von der heute viele christliche Gemeinden träumen würden!). Doch der Meister ist nicht nur als Seelsorger und Gesprächspartner hier, sondern vor allem um die Hauptforderung Buddhas zu lehren: die Geduld.

Adresse Maudacher Straße 70, Ecke Prinzenstraße, 67065 Ludwigshafen-Mundenheim | **ÖPNV** Straßenbahn 6, S-Bahn 1, 2, 3, 4 bis Ludwigshafen-Mundenheim | **Pkw** B 44, Richtung Bruchwiesenstraße | **Öffnungszeiten** bei Bedarf immer, gebetet wird morgens | **Tipp** Die Große Blies ist ein so zentraler Badesee, wie ihn keine andere Stadt der Region hat, nur gut 1 Kilometer entfernt. Von der Maudacher Straße geht es rechts in die Bruch-wiesenstraße, dann links in die Wollstraße.

53__Die Excelsior-Bar
Höhe-Punkt

Wie grässlich sind Prag, Rom und Paris in ihrer ranschmeißerischen Allroundschönheit, und erst von oben! Ludwigshafen hingegen hat einen eingebauten Zauberstab.

Wenn man sich vom Hauptbahnhof dem Excelsior nähert, darf man sich nicht von den leer stehenden Ladengeschäften im Fußgängerbereich, vom Bauzaun und den auch tagsüber unübersehbaren Party-Drogen-People abschrecken lassen. Einfach um das Hotel herumgehen und an der Rezeption um Zugang zur SkyBar bitten. Der ist gratis, aber man hat diese kleine Hürde zum einen wegen der Nachbarschaft, zum anderen wegen der Vergangenheit eingebaut.

Die Hotel-Bar war mal einer der seltenen Nachtleben-Magnete der Stadt, begrüßte auch Milieupublikum und war dann eine Weile geschlossen. Seit 2010 ist sie wieder unter alter Führung, und das ist sehr gut so.

Sobald man mit dem Fahrstuhl den anvisierten 17. Stock erreicht, vollzieht sich der Zauber. Das Frosch-Ludwigshafen wird zum Prinz-Ludwigshafen. Wo ist nur all das Grün, wenn man sich unten durch die Stadt bewegt?

Die Stadtlandschaft ist außergewöhnlich abwechslungsreich und spannend, ja, der Blick geht noch nicht mal heimlich nach Mannheim, Ludwigshafen selbst hat etwas zu bieten! Hinzu kommt eine eigenwillige violette Möblierung in einer vergangenen Schwülstigkeit, mehr als ein Hauch von Travolta, und man wartet darauf, dass irgendwann eine Lichtorgel Baujahr 1979 angeschaltet wird. Die Getränke sind günstig! Der Notausgang ist geöffnet! Sogar der Balkon ist begehbar!

Am Wochenende sind es Einheimische, unter der Woche Geschäftsreisende, die hier verkehren, wie bei allen Stadthotels dieser Erde. Das Tüpfelchen auf dem i ist der intelligente, freundliche und unaufdringliche Service. Ach ja, und hier darf geraucht werden.

Adresse Lorientallee 16, 67059 Ludwigshafen-Innenstadt | **ÖPNV** vom Hauptbahnhof Ludwigshafen 1 Minute Fußweg | **Pkw** B 37, B 44 abfahren zum Hauptbahnhof Ludwigshafen | **Öffnungszeiten** Di–Sa 18–1 Uhr | **Tipp** Im nahen Südweststadion in der Saarlandstraße feierte der SV Waldhof Mannheim seine ersten Gehversuche in der 1. Fußball-Bundesliga, eine einmalige Zusammenarbeit der beiden hassverliebten Städte.

54 Der Hauptbahnhof
Gelebter Blues

Es ist nicht so, dass es in der Pasadenaallee gar keine Gebäude gibt. Das Best Western Hotel ist wohl nicht schön, aber doch ein Gebäude. Irritierend ist eher der Begriff Allee. Wie auch immer man die Gegend um den Hauptbahnhof bezeichnen mag, aber zu echten Alleen gehören Bäume, da sollte man auch in Ludwigshafen keine Ausnahme machen. Der Ludwigshafener Hauptbahnhof ist nicht einfach ein Gebäude, er rangiert eher in den Gefilden von »Phänomen«. Himmelwärts ragende Streben, tausend Nuancen Grau und Menschen an einem Ort, der sie scheinbar eher vertreiben will. In der Architektursprache seines Baujahrs 1969 hieß das: »Der neue Personenbahnhof wurde in Dreiecksform in zwei Ebenen angelegt« und »Ebenerdig sind acht Bahnsteiggleise in einer weiträumigen Keilform vorhanden«. Ein schöner Versuch, das Unbeschreibliche zu beschreiben.

Die Symbolik, dass sich Schienen unter der Auto-Hochtrasse verstecken müssen, kann kein Mensch übersehen. Am erstaunlichsten ist immer wieder, dass Ostdeutsche, besonders Ostberliner, beim besten Willen nicht nachvollziehen können, was an diesem Betonbrocken auffällig sein soll. So verwöhnt ist die Kurpfalz mit Nicht-Hässlichkeit.

Im Bahnhofsinneren sind die Zugänge zu den Gleisen etwa sechs Meter breit und 2,50 Meter hoch, was bedeutet, dass man dort problemlos mit zwei Pkws nebeneinander hinauf- und hinunterfahren könnte. Um im klassisch neonbeschienenen Verbindungstunnel Werbeschaukästen in vollendeter Leere zu sehen, ohne auch nur einen einzigen Zettel eines Vorortfußballvereins. Den Schildern nach heißt der Hauptbahnhof immer noch Hauptbahnhof, seitdem es aber Ludwigshafen-Mitte gibt, fungiert dieser hier nur noch als Nebenbahnhof. Dialektik à la pfälzisch. Die Gastronomie bietet durchaus passable, billige Imbissküche, und die slawische Kellnerin ist bemerkenswert überqualifiziert für diese Arbeitsstelle. Passend der Flohmarkt in den verwaisten Pavillongeschäften des Vorplatzes, kaum Waren, kaum Kunden, kaum da. Dennoch: ein einzigartiger Ort.

Adresse Pasadenaallee, 67059 Ludwigshafen-Innenstadt | **ÖPNV** zum Hauptbahnhof fährt alles – nur kein ICE | **Pkw** B 37, B 44, Ausfahrt Ludwigshafen-Hauptbahnhof | **Tipp** Eine Wendeltreppe führt zur Hochtrasse mit großartiger Aussicht, wenn man urbane Kantigkeit mag.

55__ Die Lutherkirche
Unverwüstlich

Es gibt in Deutschland 138 Lutherkirchen, und nur eine von ihnen ist kaputt und wird trotzdem noch benutzt. Wer in der Kurpfalz macht solche sonderbaren Dinge? Der Verdacht fällt auf Ludwigshafen. Volltreffer.

Es begann mit einem Kompromiss. Die protestantische Gemeinde in Ludwigshafen war zunächst gänzlich obdachlos, bis 1854 eine Simultankirche in der Kaiser-Wilhelm-Straße 34 erbaut wurde, die gemeinsam mit den Katholiken genutzt wurde. Nur zur Erinnerung: Das Dorf Ludwigshafen hatte noch Mitte des 19. Jahrhunderts gerade mal 2.000 Einwohner! Das Provisorium dauerte zehn Jahre, dann war die Lutherkirche fertiggestellt und wurde 1864 geweiht. Das ehemalige Gotteshaus in der Kaiser-Wilhelm-Straße wurde inzwischen zur jüdischen Synagoge umfunktioniert. Aus Geldmangel bewies die bescheidene Gemeinde, dass Protestanten auch ohne verputzte Wände, Stuck, Orgelempore und vor allem ohne Turm auskommen konnten. Erst 1883, fast 20 Jahre später, wurde mit Kollekten und Lotterieeinnahmen (!) der Bau vollendet. Immerhin im Jahr 1917 bekam die Kirche ihren Namen: Lutherkirche. Bis zu einer Bombardierung im Jahr 1943.

26 Jahre lang kannte man in der Innenstadt von Ludwigshafen die Ruine der Lutherkirche, bis 1969 Geld und Muße da waren, der Bruchbude zu Leibe zu rücken. Zwei Jahre lang baute man, bis die Kirche renoviert war und wenigstens gastronomisch genutzt werden konnte. Heute logiert dort das Restaurant »La Torre da Angelo«. Der Turm ist nach Auskunft der sizilianischen Betreiber »prinzipiell« besteigbar, aber »eigentlich nicht«. Der Blick aus dem ersten Stock nach vorn auf den begrünten Platz vor der ehemaligen Kirche richtet sich auf den 1992 erbauten Lutherbrunnen, das angeblich einzige Denkmal, das Martin Luther gemeinsam mit seiner Frau Katharina von Bora zeigt, ein recht malerisches Ambiente. Der Blick zur Rückseite der Kirche hingegen zeigt: Ludwigshafen.

Adresse Maxstraße 33, 67059 Ludwigshafen-Innenstadt | **ÖPNV** Alle Bahnen und Busse zum Berliner Platz | **Pkw** Von Mannheim aus über die Konrad-Adenauer-Brücke, sofort rechts, sofort links, rechts in die Berliner Straße, rechts in die Lutherstraße | **Öffnungszeiten** Restaurant täglich 11–23 Uhr | **Tipp** In Rheingönheim findet sich ein Schulmuseum im Altbau der Mozartstraße, eher eine Art Vorführung einer historischen Schulstunde. Nur nach Voranmeldung unter Tel. 0621/5044231-13 zu besichtigen.

56__Die Privatfernsehwiege

Was keiner weiß und niemand wollte

Eine unerzählte Geschichte. Ende der 1970er Jahre gehörten Telefon, Fernseh- und Radiofrequenzen der Post, also dem Staat. Aus dem Ausland kannte man Kabel-, aber auch Satellitenfernsehen. Die unvorstellbare Zahl von 30 frei empfangbaren Kanälen machte die Runde.

Die damaligen CDU-Bundesländer Baden-Württemberg und Rheinland-Pfalz planten, die neue Technik im Raum Mannheim und Ludwigshafen auszuprobieren. Als aus den Kreisen der Stuttgarter CDU Bedenken aufkamen, beschlossen die Politiker aus Mainz, das Projekt auf Ludwigshafen zu beschränken. Zur Erinnerung: Das damalige Fernsehen bestand aus drei Sendern, in der Kurpfalz konnte man stellenweise auch hessisches Regionalfernsehen empfangen, was schon eine sensationelle Auswahl darstellte! Das Privatfernsehen trug den Arbeitstitel »Das vierte Programm«.

Am Neujahrstag 1984 passierte das, was heute wie die Einführung der Wachswalze in der Audiotechnik wirkt: Ein Testsender namens PKS nahm seinen Probebetrieb in der Turmstraße 10 auf. Das, was höchstens ein paar tausend Ludwigshafener sahen, hieß Kabelfernsehen.

Dass das Haus des Bundeskanzlers Kohl gerade zehn Autominuten entfernt stand, war sicher kein Zufall. Kohl wusste, dass seine Pfälzer Mitbürger genau die richtigen waren, eine Sache wie das Kabelfernsehen zu testen. Drei Monate später startete der Postminister Schwarz-Schilling an derselben Stelle das Satellitenfernsehen.

Die Anstalt für Kabelkommunikation AKK beschäftigte geschätzte 20 Personen, und als das Projekt immer vielversprechender wurde, begann die Politik zu handeln. Aus PKS wurde SAT1, und der Sender zog um in die Landeshauptstadt, nach Mainz. In Ludwigshafen musste man sich an derselben Stelle in der Turmstraße mit einem quietsch-quasseligen Privatradio begnügen, das heute noch da ist: Radio Regenbogen.

Adresse Turmstraße 10, 67059 Ludwigshafen-West | **ÖPNV** Alles, was zum Hauptbahn-
hof Ludwigshafen fährt | **Pkw** A 650, Abfahrt Bruchwiesenstraße, in Turmstraße abbiegen |
Tipp Das alte Straßenbahndepot in der Karl-Krämer-Straße sollte man sich ansehen, bevor
doch noch ein windiger Investor es mit EU-Fördermitteln kaputtsaniert und mit einem
Starbucks bestückt.

57__Der Staatliche Getreidespeicher

Game over?

Vom oberen Parkdeck der Rhein-Galerie hat man eine ganz gute Sicht, unter Aufbietung einiger Kletterkünste eine bessere von der Bundesstraße aus, aber nach Ansicht des Betriebsleiters zeigt sich der Staatliche Getreidespeicher in seiner ganzen Pracht am besten von Mannheim.

Zahlen. Der größte Getreidespeicher in Ludwigshafen fasst 25.000 Tonnen, ist selten ganz voll und beherbergt einen Jahresumschlag zwischen 50.000 und 100.000 Tonnen, vor allem Mais, Weizen und Gerste. Er steht *nicht* unter Denkmalschutz, ihn abzureißen hat man auch während der Planung der Rhein-Galerie *nicht* überlegt. Wie die Faust aufs Auge zur Stadtplanung in Ludwigshafen passt es, dass ein Filetgrundstück in Bestlage mit perfekter Verkehrsanbindung und Aussicht für so etwas Beliebiges wie Getreide genutzt wird.

Das Gebäude selbst stammt von 1895, fiel aber einem Brand zum Opfer und wurde 1914 wiederaufgebaut. In seinem Inneren gibt es angeblich nur Beton zu sehen, Silos und nicht Getreide, wie der Betriebsleiter Schneider darlegt. »Sie gehen ja auch nicht in eine Bank und erwarten, dass überall Geld herumliegt.« Für allgemeine Besichtigungen ist der Speicher jedoch nicht ausgelegt, da sich in seinem Inneren ungeschützte Anlagen befinden, darunter seit 1998 ein Maistrockner, der 25 Tonnen die Stunde schafft.

Die Hafen GmbH »Abteilung Getreidelagerei« gehört dem Land Rheinland-Pfalz und Ludwigshafen, der Inhalt des Speichers aber ist wirtschaftlicher Privatbesitz. Vor 1990 sollen die Vorräte auch als Notreserve für den Kriegsfall gedient haben, was offiziell nicht bestätigt wird. Entsprechendes gilt für die Anwesenheit von Ungeziefer aus demselben Grund, nämlich lange Lagerhaltung. Es ist, als berge der braune Bau ein Geheimnis, sichtbar vor unseren Augen wie eine Hand, und keiner ahnt es.

Adresse Unteres Rheinufer, Rheinuferstraße, 67061 Ludwigshafen-Innenstaft | **ÖPNV** 6, 7, 8, U-Bahn(!)-Haltestelle Rathaus | **Pkw** B 44 zur Rhein-Galerie | **Öffnungszeiten** ganzjährig von außen zu besichtigen | **Tipp** Das Publikum im Hemshofer kulTurm ist entsprechend dem Programm recht jung, aber die Atmosphäre ist für ein Feierabendgetränk zumindest in Ludwigshafen konkurrenzlos. Geöffnet ist er Do–Sa ab 18 Uhr, Rollesstraße 14.

58__Das Straßenbahndepot

Endstation einer Endstation

In der Karl-Krämer-Straße Nummer 0 gibt es »Filzkultur«, in den Häusern daneben Zeitarbeit, Kommunikationsdesign, zwei Foto-produktionen, die Cyperfection Marketingagentur und das Atelier Lebenskunst. Das gesamte Gebäude steht unter Denkmalschutz, was schwer vorstellbar ist anhand des Zustandes, aber die Verkehrsbetriebe Ludwigshafen wollen es loswerden, anstatt nicht vorhandenes Geld hineinzustecken.

1997 zogen die Verkehrsbetriebe nach Rheingönheim um und hinterließen Fragezeichen um das Verwaltungsgebäude aus den Jahren 1903/04, das 1912 bis 1916 erweitert wurde. Der auffälligere Teil ist das Straßenbahndepot daneben. Die Wendeschleife sowie zum großen Teil die zwölf Schienen zu den mächtigen Glasschiebetoren sind noch vorhanden. Die Halle steht allerdings nicht unter Denkmalschutz und ist auch nicht so richtig ein Gebäude, denn sie ist nur nachträglich an den Verwaltungsbau angefügt, besteht nur aus drei Wänden.

Eine Zeit lang nutzte der Verein für angewandten Realismus, eine nachdrücklich passive Künstlergruppierung, die von außen gut einsehbare, großzügige Halle, aber als die ersten Bauteile von der Decke purzelten, versperrten die Verkehrsbetriebe Ludwigshafen die Tore. Immerhin zeigen die Veränderungen auf der anderen Seite des Gebäudes zur neuen Rheinallee hin, dass man nicht nur pro forma das Gelände nutzen will, denn dort sind Wohnhäuser entstanden, wo einst der Busbetriebshof mit Werkstatt war.

Es empfiehlt sich, um das Gebäude herumzugehen, wo man sehen kann, wie die Natur sich blitzartig wieder greift, was ihr mal gehörte. An der Hallenseite wachsen Büsche und Bäume aus den Kellerschächten heraus.

Ein feines Beispiel dafür, dass man auch Gebäude genießen kann, die man nicht »besichtigen« kann, was offenbar mit »hineingehen« gleichgesetzt wird.

Adresse Karl-Krämer-Straße, 67061 Ludwigshafen-Süd | ÖPNV Straßenbahn 10, Halte-
stelle Amtsgericht oder Luitpoldhafen | Pkw B 37, Ausfahrt Ludwigshafen-Zentrum,
Rechtsschleife, die Rheinallee entlang | Tipp Die Wittelsbachstraße führt geradeaus über
die Brücke über den Luitpoldhafen zur Parkinsel, ein geschmackvolles Wohngebiet etwas
gehobener Klasse, sonntags gibt es auch mal kostenlose Jazzkonzerte im Freien.

59__ Tor 13
Klingelt's?

Als Nicht-Aniliner beschleicht den Besucher in der Nähe der Go-
liath-Fabrik leicht das Gefühl, man mache etwas falsch und jeden
Moment komme der Werkschutz herausgestürmt und erkläre einem,
dass man jetzt zwar vorsorglich in Gewahrsam genommen werde,
dass aber zu keiner Zeit Gefahr für die Bevölkerung bestanden habe.

Tor 13 ist freundlicherweise ausgeschildert und seltsamerweise
nicht bevölkert von sensationsdürstenden Freizeitfotografen, die in
Erwartung des nächsten Kawumms die Linse auf die Fackel gerich-
tet haben. Oder auf die größte Fahrradversammlung der gesamten
Kurpfalz, wer weiß, der Republik womöglich. Und Gott sah, dass sie
schön war.

Seit 1925 gibt es Werksfahrräder in der BASF, die nur auf dem
Gelände benutzt werden dürfen, und in den Jahren bis 1934 muss etwas Unangenehmes geschehen sein, denn die hauseigene Tüncherei
bekam den Auftrag, allen firmeneigenen Rädern ein leuchtendes
Orange zu verpassen. So konnte man besser erkennen, wenn Mitarbeiter an den Werkstoren beim Verlassen des Geländes versehentlich
vergaßen, sie abzugeben. Einfach als Gedächtnisstütze. Das Orange wandelte man im Lauf der Jahre zu Rot, und so sind bis auf wenige schwarze Besucherräder heute alle rot. Vielleicht entsteht dadurch dieser protosozialistische Eindruck.

Zwei externe Mechaniker kümmern sich um die Instandhaltung
der Fahrzeuge. Ein Chemierad muss in puncto Lack und Bereifung
mehr können als ein Wald-und-Wiesen-rumfahr-Fahrrad, und es
verbringt auch den Großteil seines Fahrradlebens im Freien. Doch
auch das hat mal ein Ende. Eine interne Anweisung sieht vor, dass
ein BASF-Rad nach zehn Jahren dem humanen Tod durch Ver-
schrottung zuzuführen ist. Gnadenersuche wurden bislang noch nie
gestellt.

Noch was? Ach ja, die Anzahl … Es sind mehr, als Menschen in
Ludwigshafen-Mitte wohnen: 14.000.

Adresse Rheinstraße, 67069 Ludwigshafen-Oppau | **ÖPNV** Straßenbahn 7, Haltestelle Oppau | **Pkw** B 9, Richtung Oppau, Tor 13 ist ausgeschildert | **Öffnungszeiten** so gesehen keine | **Tipp** Das Turmrestaurant im Friedrich-Ebert-Park bietet eine mondäne Note, wie sie auch mit aller großindustriellen Gewalt nicht nach Ludwigshafen passen will, Irritation garantiert. Die Küche ist nach der Neueröffnung 2011 von 11.30 bis 14 Uhr und von 18 bis 21.30 Uhr geöffnet.

60__Das Zentralarchiv für Familien- und Wappenkunde

Wer bin ich? Und wo?

Im Bahnhof wirken abseits der Öffentlichkeit gescheite alte Männer an würdevollen Dingen. Das Bahn-Sozialwerk ist jedoch kein Verein, sondern eine Stiftung, das große Freizeit- und Rentner-Sammelbecken der Bahn. Seit über 100 Jahren befassen sich die verrenteten Bahner, ganz recht, mit der Bahn. Aber auch mit Sport, Philatelie, Schach, Esperanto. Die Genealogen unter der Führung von Bodo Forch begannen 1987 in Mannheim, sich der Erforschung deutscher Stammbäume zu widmen.

Das Prinzip ist ganz einfach: Man sammelt alle bekannten Daten aus Adressbüchern, Kirchenbüchern und anderen öffentlichen Quellen und sortiert sie nach Orten, innerhalb der Orte nach Familien.

Nach und nach werden zu den einzelnen Orten Bücher herausgegeben, früher hießen sie Ortssippenbücher, nach 1945 meist Ortsfamilienbücher. So weit, so schön. Bis der Tiefkeller im Mannheimer Hauptbahnhof überschwemmt wurde. Man wich nach Ludwigshafen aus. Seit 1995 stapeln sich hier die Bände der teilweise bis ins Jahr 1200 zurückreichenden Daten. Und solch ein Archiv kennt nur eine Tendenz: wachsen.

Der emsige Leiter und Gründer ist stolz darauf, vor »keinem einzigen Familiennamen zu kapitulieren«. Heute verweist Forch auf 3.000 Bände im Archiv, die gegen eine Gebühr nutzbar und auch abfotografierbar sind. Allerdings kann von Vollständigkeit noch keine Rede sein. Seit der Verbreitung des Internets tummeln sich scharenweise Mormonen in der Ahnenforschung, denn nach ihrem Glauben müssen ungetaufte Menschen auch noch nach dem Tod getauft werden, um sie im Jenseits froh zu machen. »Die kommen nicht zu uns, die haben noch ein besseres Archiv als wir«, gibt Forch anerkennend zu. Und er leitet immerhin die größte genealogische Bibliothek in Europa.

Adresse Pasadenaallee 1, im Bahnhofsgebäude, 67059 Ludwigshafen-Innenstadt | **ÖPNV** alles außer ICEs | **Pkw** B 37 oder 44, Ausfahrt Ludwigshafen-Hauptbahnhof | **Öffnungszeiten** Mo–Fr 9–15 Uhr, aber Terminabsprache empfohlen unter Tel. 0621/8304134 | **Tipp** Die SkyBar im Hotel Excelsior bietet ein leicht flutschiges Ambiente, und das auch noch zu ganz moderaten Preisen und natürlich die beste Aussicht über die Stadt, wenn man kein BASF-Mitarbeiter ist (siehe Seite 114).

61 Der Bibelgarten

Und sie ernten doch

Es ist der Klassiker des Ochsen vorm Berg. Der Bibelgarten in St. Martin kann nicht prominenter liegen und wird doch gern übersehen. Vielleicht ist der Schatten der Kirche zu groß, vielleicht ist aber auch der Biergarten zu nah. Ein kurzer Abriss: Um das Jahr 700 stand hier schon ein Gotteshaus, damals aus Holz. Aus dem späteren Bau des 15. Jahrhunderts sind noch einige Holzbänke erhalten, alles andere wurde umgebaut, abgerissen, die Fenster »gotisiert« und »polygone Kapellen« angefügt, wie der Infotafeltext schwadroniert.

Der andere große Blickfang ist das 50-jährige Projekt »Mantelstück«. Als die erste große Hilfswelle für die Dritte Welt ihren höchsten Kamm erreichte, hatte man in St. Martin die Idee, Spenderwein anzubauen und zu verkaufen. Kein Witz. Rund 400.000 Liter Wein wurden seither angebaut und eine Summe von einer guten halben Million Euro in verschiedene Drittweltländer gespendet.

Aber das Herzstück? Laut dem Buch Genesis entstand als erstes Leben auf der Erde »junges Grün«. Der Bibelgarten in St. Martin mit seinem jungen Grün entstand im Jahr 2000 und beherbergt Pflanzen aus der Bibel, teils bekannt, teils weniger, geschweige denn, was die einzelnen Bibeltextstellen angeht. Der Granatapfel, Ölbaum, Weihrauch und natürlich eine Weinrebe sind zu erwarten. Aber Mastix oder gar der Paternosterbaum? Ideengeber und Obergärtner Peter Straub hat sich einen Traum erfüllt, und auch wenn man von Gärten keine Ahnung hat und von Bibeltexten rein gar nichts weiß, sieht man, dass dieser Garten anders ist. Manche Spezies hat er eigens aus dem Orient herangeschafft.

Das kleine Gelände unterhalb der Kirche taugt nicht zum Spazierengehen, nur zum Stehen, Rumsitzen, Nachdenken. Da St. Martin fast nur von Weinbau und Tourismus lebt, passt das gut. Und wenn von »Mitteleuropas größtem Bibelgarten« die Rede ist, dann unterscheiden die Tourismuszuständigen in Oberlichtenau in Sachsen ganz fein, dass man hier im Bibelgarten Pflanzen hat, dort aber Gebäude.

Adresse Am Pfarrgarten, 67487 Maikammer-St. Martin | **ÖPNV** Deutsche Bahn, Bahnhof Maikammer-Kirrweiler, Bus 504 | **Pkw** A 65, Ausfahrt Edenkoben, Totenkopfstraße folgen | **Öffnungszeiten** immer | **Tipp** Der NATO-Bunker kann zwar nur mit Voranmeldung an einigen Terminen im Jahr besichtigt werden, ist jedoch ein äußerst lohnendes Ziel (siehe Seite 132).

62 — Der NATO-Bunker

Friedensgewinnler

Der Name klingt derart vielversprechend, dass man zuerst klären muss, was der NATO-Bunker *nicht* ist. Er ist nicht und war nie ein geplanter Zufluchtsort für die Regierung, die Generalität oder die Geheimdienste im Kriegsfall. Zumindest offiziell. Er ist nicht allgemein geöffnet, sondern kann nur mit gebuchten Führungen besichtigt werden. Und er ist kein warmer, sondern ein dauerkalter Ort. Zwölf Grad ganzjährig.

Der NATO-Bunker hatte dennoch ein enormes strategisches Gewicht im kalten Kriegsspiel. Er war eine Schaltstelle zwischen Heidelberg und Zweibrücken, wo meterdicke Kabelstränge durchliefen. Durchliefen? Nein, durchlaufen, muss es heißen. Denn bei allem, was ab- und rückgebaut wurde: Im Erdreich liegen immer noch kilometerlange Kabelstücke, und wer eine Sammlung besonderer Art starten möchte, darf sich bedienen. Anfang der 1960er kamen erst verschwiegene Tunnelbauer, 1964 gelang der Durchstich durch den Berg, und dann waren die Bergleute dran. Fortan verbreiteten sich Informationen über die Baustelle im Ort. Für die Miniaturgemeinde St. Martin war dies ein Glücksfall, Gastronomen und Hoteliers rieben sich die Hände, acht Millionen Dollar wurden damals investiert. Hier arbeiteten im Höchstfall 35 Leute, erstaunlich für eine Fläche von 3.000 Quadratmetern.

1997 kaufte Landau den nutzlosen Bau für eine Mark, und die bislang fruchtbarste Idee einer Nutzung sind Weinproben der örtlichen Jungwinzer im atombombensicheren Ambiente. Einige Jahre brachen Sprayer und Gotchaspieler ein und hinterließen ihre Spuren neben den Fledermausnestern. Erst als 2005 Kurt Beck die Anlage besuchte, schaffte man es, die Tore wirklich dicht zu bekommen. Die Führungen macht kein Kulturheini, sondern ein ehemaliger Bauleiter mit klarem Ingenieursblick auf die Dinge. Nur einen kurzen Moment des Gruselns gönnt er den Besuchern: wenn alle einige Sekunden lang ihre Taschenlampen ausschalten.

Adresse Totenkopf-Höhenstraße, 67487 Maikammer-St. Martin | **ÖPNV** Bus 503, Halte-
stelle Römer Wachstube | **Pkw** A 65, Edenkoben, Totenkopfstraße folgen, genaue Aus-
kunft bei Anmeldung zur Führung | **Öffnungszeiten** Führungen unter Tel. 06323/5300,
nur Ende April bis Oktober | **Tipp** Für etwas geübtere Wanderer empfiehlt sich der Auf-
stieg auf die Kalmit, den höchsten Berg des Pfälzerwaldes.

63 Die Autobahntankstellen
Versteckt und verlassen

Ein offenes Geheimnis, ein sichtbares Rätsel, eine Reihe Fragen und viele halbe Antworten. An der A 656 von Mannheim Richtung Heidelberg stehen zwei Zwillingsgebäude einander genau gegenüber, beide kann man nur richtig vom Auto aus sehen, beide passen nicht in die Umgebung, beide sind offenbar nicht mehr in ihrer ursprünglichen Funktion in Benutzung, denn beide waren einmal Tankstellen.

Die erste deutsche Tankstelle stand 1922 in Hannover – den PR-Kinderkram von Apotheken als Bertha-Benz-Tankstellen lassen wir mal höflich beiseite.

Somit dürften die Tankzwillinge aus den Jahren 1930/31 die ältesten erhaltenen der Kurpfalz sein. Auf der Südseite war lange US-Militär-Gelände, später nutzten die Johanniter das Gebäude, das seit einigen Jahren leer steht.

Man gelangt über die Elsa-Brändström- und Steinzeugstraße dorthin, muss schon ins Gebüsch gehen, um einen freien Blick auf die Tankstelle auf der anderen Autobahnseite zu haben und steigt zum Fotografieren am besten über die Leitplanke.

Auf der Nordseite liegt der reichlich obskure, verkehrstechnisch von der Welt abgeschnittene Mannheimer Stadtteil Suebenheim. Die Autobahnmeisterei, der Betriebshof des Regierungspräsidiums Karlsruhe, ist formal nicht öffentlich zugängig, unter anderem weil dort Maschinen gelagert werden und Betriebsverkehr herrscht. Aber wenn man mal einen kurzen Blick auf die ehemalige Tankstelle von Nahem werfen will, hat der Betriebsleiter Spielraum. Dass daneben der Zugang zu den Privatwohnungen der Mitarbeiter besser bewacht wird, verstärkt die Skurrilität des Gesamtbildes ebenso wie der römische Brunnen auf dem Kinderspielplatz.

Ganz einfach kann man beide Tankstellen von oben sehen, wenn man in die Mitte der wenig bekannten Eugen-Schön-Brücke über die Autobahn geht.

Adresse Elsa-Brändström-Straße/Suebenstraße, 68229 Mannheim-Friedrichsfeld und 68239 Mannheim-Seckenheim | **ÖPNV** Bus 43, Haltestelle Suebenheim | **Pkw** A 656, Ausfahrt Mannheim-Seckenheim | **Öffnungszeiten** ganzjährig | **Tipp** Vom Friedrichsfelder Weg aus bietet sich die spektakulärste Strommastenreihe vom Neckarauer Großkraftwerk an.

64__ Die Benz-Werkstatt
Wagen-Wiege

In S6,8 war ehedem ein Gebrauchtwagenhändler, von dessen Sonderschau nur eine alte Mauerschrift und ein abbruchreifes Haus zeugen, vom Bürgersteig durch einen ernsthaften Zaun getrennt, der schützen soll vor … ja, wovor eigentlich? Gegenüber hat sich einiges geändert. Die ehemalige Hausadresse T6,11 ist heute das Gebäude T6,33. Seit wenigen Jahren ist die Fassade pfirsicheisfarben gestrichen. Und am Erdgeschoss »prangt« ein Abbild von einem Abbild.

Sehen und staunen. Wenn das Auto in einer vergleichbaren amerikanischen Stadt erfunden worden wäre, wäre dort heute eine 100 Meter hohe Leuchtreklame, ein gigantischer Vergnügungspark, sicher eine Rennstrecke, ein Fun-Drive-Museum samt T-Shirts, stündlichen Auftritten der Benz-Band, dem Mercedes-Delphinarium, Carl-und-Bertha-Walking-Acts und natürlich Autoscootern. Aber wir sind nicht in Amerika, und so wurde das Gedenkmaterial erst vor wenigen Jahren an die Wand getackert. Um die Ecke ist ein Balkangrill, sanftes Rotlicht und eine Sprachschulkettenfiliale. Glamour geht anders. Streng genommen gibt es auch wenig zu feiern. Hier hat der Lokführer-Sohn Carl Benz, der aus Karlsruhe stammte … aus KARLSRUHE, ein Gelbfüßler und keineswegs Kurpfälzer, mit dem Geld seiner Frau in einer Werkstatt Schmiedeeisernes für die Festung in Metz geschmiedet. Hier hat er eine qualitativ vergleichsweise schwache Motorkutsche gebastelt – andere Ingenieure waren weiter als er –, aber hier war es, wo Carl Benz zur Behörde lief und das Patent anmeldete. Infolgedessen fuhr seine Bertha von seiner späteren Werkstatt in der Waldhofstraße aus mit den beiden Söhnen los, mit dem pferdelosen Dreirad, mit der Benzinkutsche, mit dem, wie sie selbst sagte, »Patent-Motorwagen«, ein Gefährt mit weniger PS als ein Pferd. Ein bewegender Ort? Sehr, sehr indirekt, ja.

Übrigens: Die »Garage« von Carl Benz steht in Ladenburg, was die eitlen Stadtväter dazu bringt, von der ersten der Welt zu sprechen. Vielleicht war es eher eine Werkstatt.

Adresse T6,33, 68161 Mannheim-Innenstadt | **ÖPNV** Straßenbahn 2, 5, Haltestelle Nationaltheater | **Pkw** T1, T2, T3, T4, T5 | **Öffnungszeiten** ganzjährig | **Tipp** Das gegenüber dem Ring liegende Collini-Center am Neckarufer samt dem Fußgängersteg über den Fluss ist ein Zuckerbeispiel brutalistischen Baustils, das bei seiner Eröffnung 1975 das mit 95 Metern höchste Wohnhaus in Baden-Württemberg darstellte. Ursprünglich sollte es sogar 150 Meter hoch sein, aber der Untergrund ist nicht belastbar genug.

65__Das erste Graffito
Wand der Wahrheit?

Zweieinhalb Polizisten spendiert die Stadt Mannheim Hausbesitzern, um ihre Gebäude vor Sprayern zu schützen. Erstaunlicherweise ist der Katalog der Beamten mit fotografiertem Farbschrott viel voller, als Meldungen eingehen. Dabei kostet die Reinigung meist nur etwa 200 Euro, egal, wie groß das Graffito ist, denn um das Abwasser aufzufangen, muss immer die gleiche Minibaustelle eingerichtet werden. Die Polizisten sitzen im Zentrum des Geschehens, nämlich in der Neckarstadt-West an der Waldhofstraße, daher gehört der kleine blasse Schriftzug nicht mehr zu ihrem Gebiet, denn die Max-Joseph-Straße zählt zur Neckarstadt-Ost.

Niemand weiß, wann genau der Schriftzug dort hingemalt wurde – ganz recht: wahrscheinlich gemalt und nicht gesprüht, vielleicht mit einer Schablone oder auch freihändig, in jedem Fall mit einem Pinsel. Keiner weiß, ob es Mann oder Frau war, allenfalls war es kein türkischer Rotzbengel. Es war ein Nazi.

Man schätzt die Schrift auf die Zeit zu Beginn des Zweiten Weltkriegs, was sie zum ältesten Graffito Mannheims und auch zum ältesten der ganzen Kurpfalz macht. Kein Mensch mit Verstand würde das Studentengekritzel an den Wänden im Heidelberger Karzer als Graffiti bezeichnen. Entdeckt wurde die Schrift zufällig, übermalt worden war sie absichtlich. Es gibt ein Naziplakat mit dem Text: »Harte Zeiten, harte Pflichten, harte Herzen«, in der Graffitokurzfassung wurde er zu »Harte Zeit, harte Herzen«. Nach der Freilegung nun übermalte jemand das h von harte mit einem z, und ab jetzt trägt das Werk den subversiven Charakter des Graffitos.

Unter der Jungbuschbrücke gibt es eine legal besprühbare Fläche, nach Absprache, Erlaubnis, Voranmeldung. Es ist eine offizielle Graffitifläche der Stadt. Weitere legale Tipps: Riesenmotorrad Hafenstraße 13. Das vermutlich älteste gesprühte Graffito befindet sich an einem Brückenpfeiler an der A 659 an der Abfahrt Lützelsachsen und muss von vor 1993 sein. Wieso? Der Text lautet: »Weg mit §218«.

Adresse Max-Joseph-Straße, Ecke Egellstraße, 68167 Mannheim-Neckarstadt | **ÖPNV** Straßenbahn 1, 2, 3, 4, Haltestelle Alte Feuerwache | **Pkw** von der B 44 kommend links in Mannheim-Waldhofstraße, Carl-Benz-Straße links, Max-Joseph-Straße rechts | **Tipp** Mit einem Weizenbier im Café Adria, der inoffiziellen Mannheimer Freiluftkirche, wird, neuerer Tradition zufolge, der Frühling eingeleitet und den Rest des Jahres über nicht mehr beendet. Ort: Alter Meßplatz.

66 Kirschgartshausen
Lonely Planet

Ist dies wirklich ein Ort, den man gesehen haben muss? Wenn man bedenkt, dass Mannheim den Ruf der Proletarierstadt hat, die gleichzeitig ein Shoppingparadies mit etwas rumpeligen, burschikosen, direkten Bewohnern in einer Industriedunstglocke ist, umgeben von einem halben Dutzend stark befahrener Autobahnen mit Spitzenchance auf Atemwegserkrankungen, dann darf man sagen, dass man Mannheim-Kirschgartshausen sogar unbedingt gesehen haben muss.

Eins vorweg, Kirschgartshausen ist nicht der allerkleinste Zipfel, da ist noch die Zwergenkonkurrenz von Straßenheim und dem sehr nahen Sandtorf. Wenn man von Norden die B 44 entlangrauscht, kann es leicht passieren, dass man die Einfahrt nach Kirschgartshausen rechts verpasst. Wenn die B 44 gerade mal nicht rauscht, rauscht die Ruhe. Der Ort, das Örtchen, der Hof besteht aus einem Dutzend Gebäuden, und eine Infrastruktur ist insoweit vorhanden, als dass die Kirschgartshausener Strom, Frischwasser, Abwasser, Telefon und Anbindung ans Handynetz haben. Die schlechte Nachricht ist, dass die Gutsschänke geschlossen ist, und sie war unbestritten der gastronomische Höhepunkt in Kirschgartshausen, was Speis und auch Trank angeht, denn die einzige Konkurrenz ist der Pizzaservice aus Lampertheim.

Es bleibt der Antikladen, von 10 bis 20 Uhr geöffnet, samstags bis vier, aber reingehen darf man nur nach telefonischer Vereinbarung! Eine in Kirschgartshausen 24 Stunden geöffnete Anbindung an die Welt ist der Briefkasten. Zu erwähnen ist die Firma Südzucker mit einer kleinen Außenstelle. Und endlich sei das große Geheimnis des 1930 zu Mannheim eingemeindeten Landkartenfitzels verraten: Es hat keine Straßennamen, außer man akzeptiert »Der Hohe Weg zum Rhein« nebenan als solchen. In Kirschgartshausen ist die Zeit gefroren, und so wird dies wohl bleiben. Außer wenn Hessen Baden-Württemberg den Krieg erklärt, dann sind die Menschen hier als erste fällig. Es sei denn, sie erreichen rechtzeitig die Notrufsäule an der B 44.

Adresse Keine! 68307 Mannheim | **ÖPNV** Bus 52, Haltestelle Kirschgartshausen | **Pkw** B 44 bis Kirschgartshausen | **Öffnungszeiten** immer | **Tipp** Die KZ-Gedenkstätte Sandhofen, Kriegerstraße 28, liegt in einer Schule im Keller, wo polnische Zwangsarbeiter von Mercedes untergebracht waren. Zu besichtigen ist die Gedenkstätte nach Anmeldung beim Institut für Stadtgeschichte, Tel. 0621/293-7485.

67__Die No-Name-Bridge
Kalter Friede

Keine Golden Gate Bridge, keine Silver Gate Bridge, auf dieser Skala käme das Brückchen allenfalls in die Kategorie Blech. Sie verbindet die Benjamin-Franklin-Village mit der Benjamin-Franklin-Village. In Käfertal gelegen, überquert sie die Birkenauer Straße. Und wieso soll diese popelige kleine Fußgängerbrücke etwas Besonderes sein? Weil sie mindestens ein Symbol ist. In der Kurpfalz findet ein Umbruch statt, der für die Region größer ist, als es der Mauerfall war. Die größte Veränderung seit dem Krieg ist der Fortzug der US-Soldaten. Bevor im Nachhinein alles schöngeredet wird, ist es Zeit, ehrlich zu sagen, dass es zwar kein feindseliges, eher ein freundliches, aber auf gar keinen Fall ein enges Verhältnis war. Natürlich stellen es öffentliche Stellen und deutsche Behörden anders dar, wenn es um den wichtigsten militärischen Bündnispartner geht. Aber ein Großteil der Verbundenheit bestand darin, einen Arbeitgeber zu haben und mit etwas Glück einen Lieferanten von mit dem US-Rüstungsbudget subventionierten Waren und Lebensmitteln, an die man herankam, wenn man jemanden kannte.

Diese No-Name-Bridge gehört zu den Orten, die man nach deutschem Recht fotografieren darf, aber amerikanische Militärs grummeln ungehalten. Militärische Einrichtungen sind doch sehr, sehr nah von hier aus. Und wozu sollte jemand dieses Brückchen knipsen wollen, wenn er kein Terrorist ist?

Um als Deutscher diese Brücke zu betreten, müsste man eine Sondergenehmigung haben. Die Idee, amerikanischen Grund und Boden zu betreten, einfach indem man sich beispielsweise an einem Pickup hochhangelt, setzt Phantasien aus Kalter-Kriegs-Zeit frei, man denke an West-Berlin, wo es in der Straße Albrechts Teerofen das Paradoxon gab, dass eine S-Bahn-Strecke Teil des DDR-Gebiets war, die Brücke darüber aber zum Westteil gehörte. Die No-Name-Bridge wird kaum in den Geschichtsbüchern auftauchen, was ein bisschen schade ist.

Adresse Birkenauer Straße, etwa Höhe Bahamastraße, Columbusstraße, 68309 Mannheim-Käfertal | **ÖPNV** Bus 54, Haltestelle Käfertal Wald | **Pkw** B 38, Ausfahrt Käfertal, Vogelstang | **Öffnungszeiten** eben keine | **Tipp** Benjamin's American Diner in der Gorxheimer Straße 9 macht sehr gute Hamburger und hat reelle Chancen, den Truppenabzug zu überleben. Öffnungszeiten: Mo–Do 10–23 Uhr, Fr, Sa 10–24 Uhr, So 9–23 Uhr.

68___ Die Orderstation

Flussschluss

Der Gastronom, der die Orderstation betreibt, hat es wohl in der Regel schwer, wenn er nicht etwas Außergewöhnliches, Exotisches anbietet (Ludwigshafener Haute Cuisine, 100 Frikadellensorten oder Ähnliches). Das Laufpublikum besteht aus Spaziergängern, Hundehaltern und auch mal dem einen oder anderen Arbeiter des spannendsten Industriegebiets von Mannheim, und da Mannheim eine ganze Menge davon hat, will das was heißen.

Mit dem Auto muss man nach dem Damm einfach rechts, und da hier die Bebauung minimal ist, wird man die Orderstation nicht übersehen. Für Radfahrer heißt es, von Süden am Ufer entlang kommend, lapidar per Schild »Neckartal-Weg Ende«. Bei Kilometer 428,5. Nur ein paar hundert Meter südlich der Orderstation. Hier endet der Neckar, der größte rein baden-württembergische Fluss, der zweitgrößte Fluss in Mannheim. Direkt gegenüber der Orderstation liegt sie, die Neckarspitze. Man kann sie auch begehen, befahren, ansehen, doch den besten Blick dorthin hat man eindeutig von der Orderstation aus.

Was für ein bedeutsamer Ort, und niemand würdigt ihn!

Ganz eindeutig hätten sich beispielsweise in Hamburg schon ein Dutzend Immobilienlöwen, Grundstückshaie, aber auch ganz normale Verbrecher die Augen ausgekratzt, um aus solch einem Filetstück etwas »Hochwertiges« zu machen, beispielsweise Luxus-Eigentumswohnungen mit Geschäftszentrum (was *immer* gemacht wird).

Noch ein Bonus ist der Blick auf die andere Rheinseite, den Steamcracker, das Werk in der BASF, das Kohlenstoffketten spaltet, »crackt«, und zu einer langen Liste von Zwischenprodukten verarbeitet. An manchen Tagen, bevorzugt sonntags, ist von hier aus gerade abends sehr gut die Fackel zu beobachten. Auch hier gilt, wie öfter am Rhein, der Blick von der anderen Uferseite aus ist der lohnendere, in diesem Fall von der Friesenheimer Insel. Ein bemerkenswerter Ort.

Adresse Max-Planck-Straße 51, 68169 Mannheim-Friesenheimer Insel | **ÖPNV** Bus 53, Haltestelle Kammerschleuse | **Pkw** über Friesenheimer Insel, Diffenéstraße, Max-Planck-Straße | **Öffnungszeiten** im Sommer täglich 8–24 Uhr, im Winter Di–So 10–24 Uhr | **Tipp** Ein Spaziergang am Ufer entlang bis zum Fähranleger nach Sandhofen, einem kleinen Naturschutzgebiet, lohnt sich.

69 Der Rangierbahnhof

Stadt, groß!

Bei Veranstaltungen in der SAP-Arena sollte man diese Gegend meiden! Ein möglicher Weg führt von der Mannheimer Innenstadt durch die Reichskanzler-Müller- und die Ludwigshafener Straße geradeaus raus aus der Stadt am Bahnhof, Fahrlach und Neuhermsheim vorbei. Durch den Sumpf führt der Weg zur Sumpfblüte. Auch wenn in diesem Fall der Sumpf aus Beton ist.

Unter der Brücke der B 38a hindurch hält man sich rechts und versucht, halb zulässig in der Xaver-Fuhr-Straße zu parken. Man braucht einen Moment Geduld, um zu Fuß die Ludwigshafener Straße zu überqueren, Ampeln beachten ist lebensnotwendig! Steigen Sie nicht die Betonschräge direkt unter der Brücke hoch, sondern finden Sie den Weg rechts daneben durch die Büsche gleich neben der Brücke, dort ist eine vorher unsichtbare Steintreppe, die den Hang hinaufführt. Achtung, sie ist stellenweise moosbewachsen und rutschig. Oben an der Kraftfahrstraße ist die Frage, wie schwindelfrei man ist und wie weit man sich entsprechend am Geländer neben der Leitplanke Richtung Brückenmitte wagt.

Gefährlich ist es nicht, nur etwas ungemütlich. Selbst tagsüber sieht das Auge dann etwas, das es so schnell nicht vergisst. Weite, Breite, Ruhe, Geschwindigkeit, eine stabile Kraft, die sich meistens nicht bewegt.

Zahlen drücken etwas aus, aber nicht viel. Der Rangierbahnhof ist 6 Kilometer lang, 400 Meter breit. Auf 200 Hektar verteilen sich 240 Kilometer Gleisstrecke und 600 Weichen. Vielleicht sagt diese Zahl ja doch etwas … 600 Weichen!

Nun muss man sich noch bewusst machen, dass ein Teil der Lokomotiven per Fernsteuerung bedient wird. Ja, so sehen wahr gewordene Männerträume aus.

Aber das wäre zu simpel, denn erst durch die Verbindung mit der Landschaft ergibt der Bahnhof das heimelige Gesamtbild. Fast romantisch.

Adresse Xaver-Fuhr-Straße, 68163 Mannheim | **ÖPNV** S1, S3, RB, Haltestelle Xaver-Fuhr-Straße | **Pkw** B 38a, Ausfahrt SAP-Arena | **Tipp** Fahren Sie die B 38a bis Neckarau, rechts bis zum Seilwolff-Center, dahinter in der Angelstraße wächst die mit rund 200 Metern breiteste Efeu-Pflanze weit und breit, vielleicht der ganzen Kurpfalz, und die Anwohner finden das völlig normal.

70__Die Spiegelsiedlung
Heldengedenkstätte

Hier ist kein guter Ort, wenn man sich nicht für Fußball interessiert, nicht für Arbeit und Industrie und kein Monnemarisch versteht. Aber wenn, dann ist es ein sehr, sehr guter Ort.

Die Spiegelsiedlung hat ein kleines, geheimes Stadtteilkulturgeschichtchen. Die Industrie heißt Glasherstellung, die Firma heißt »Saint-Gobain Glass«. Industriegeschichte mag nicht jedermanns Ding sein, aber dass man hier zeitgleich mit dem Bau der Fabrik *und* der Werkswohnungen begann, und das schon 1853, ist einmalig. Die Wälder lieferten das Holz zum Befeuern der Öfen, der Rhein lieferte den Transportweg, und dem Altrhein entnahm man die Rohstoffe Soda und Kalk. Aber ist das ein Grund, heute noch hierherzukommen? Der einzige denkbare Aufenthaltsort ist das ur-urige Restaurant »Spiegelschlöss'l« mit der offiziellen Adresse Spiegelfabrik 314. Der Inhaber seit 2003 heißt Fritz, wird Fritz genannt und erklärt dem Besucher sehr gern alles Notwendige. Das ist nicht der Waldhof, eigentlich nicht mal Luzenberg, das ist »die Schbiggl«.

Den Gebäuderiegel gegenüber hat man aus Denkmalschutzgründen stehen lassen. Bis in die 1960er haben die Arbeiter hier neben ihrem Grünzeug hinter dem Haus Schweine und Hühner gehalten, waren halbe Selbstversorger. Die Wohnungen sind gründlich saniert, die Bewohner sind aber nach wie vor »Schbitzbuwe«. Manchmal klauen Jugendliche dem Wirt Getränke aus dem Biergarten. Die Wohnungen sind nicht luxuriös, aber der Komfort ist inzwischen groß: Jeder hat sein eigenes Klo. Aus einem abgerissenen Gebäude hat man einige Utensilien gerettet und an der Kneipenwand verewigt. Die Fußball-Wegweiser zeigen zum Maracana, zu San Siro, und zum »Schlammloch 1,3 km«. Eine vage Referenz an den SV Waldhof … Ja, es gibt Hinweise, dass genau hier der erste deutsche Fußball-Weltmeistertrainer geboren ist, Sepp Herberger. Und wenn man es weiß, sieht man auch die Gedenktafel vorn an der Kreuzung. Und plötzlich kommt die Gänsehaut.

Adresse Spiegelfabrik, 68305 Mannheim | **ÖPNV** Straßenbahn 1, 3, Haltestelle Luzen-
berg | **Pkw** B 44, Richtung Lampertheim, Abfahrt Luzenberg | **Öffnungszeiten** Spiegel-
schlöss'l: nicht fest, aber grundsätzlich lang genug | **Tipp** Der Karlstern im Käfertaler
Wald ist ein Ausflugsziel mit 1950er-Jahre-Charme, in dessen kleinem Wildpark neben
Rot- und Schwarzwild auch Bisons zu sehen sind. Von der Waldstraße Richtung Käfertal
geht es links in die Lampertheimer Straße.

71__Der Knochen
Wie Sie sehen, sehen Sie nichts

Neandertal, ja, das kennt man. Vom Neandertaler. An der Fundstelle gibt es zwar nichts zu sehen, dafür sind die Neandertaler stolz auf ihr Museum, und ihren Ortsnamen kennt man auf der ganzen Welt. Mauer kennt man nicht. Nach Mauer ist noch nicht mal das Blümchen benannt. Das hieß schon vorher so. Aber der Name würde passen.

Wenn man sich eine archäologische Fundstelle vorstellt, bevor man hinfährt, denkt man an eine unübersichtliche, weitläufige Grube mit Gerüsten darin, einer Vielzahl von einheimischen Helfern mit staubigen Turbanen, und nach oben dringt das Klonk der Spitzhacken. In Mauer ist das nicht so, in Mauer steht ein Rewe. Ein Rewe?

Man muss sich bremsen, wenn man an den wichtigsten archäologischen Fundort der Kurpfalz fährt. 1907 war es, ein Menschenknochen war es, ein Stück Kiefer. Und noch heute ist man sauer in Mauer, dass der prähistorische Mensch, der zu diesem Knochen gehörte, von eitlen Wissenschaftlern nicht wie in Neandertal nach seinem Fundort getauft wurde, sondern nach der Universität, wo man ihn untersuchte. Dementsprechend müsste der Neandertaler Homo bonnensis heißen, tut er aber nicht. Der Kurpfälzer Knochenmann heißt jedoch Homo heidelbergensis und eben nicht mauerensis.

Die Fundstelle ist zunächst ernüchternd, doch nach und nach entsteht durch die Schautafeln das Bild erst des ehemaligen Steinbruchs, der 1907 und bis in die 1960er Jahre hier noch erkennbar war, dann das Bild von damals, vor 600.000 Jahren. Es war Warmzeit, sogar nachts über null Grad, tags war es feucht und warm. Die tierischen Zeitgenossen und Nachbarn des ersten Kurpfälzers waren Löwe, Leopard, Säbelzahntiger, Elefant, Bison und Riesenbiber, etwa in der Größe von Schwarzbären.

Wer es trotzdem museal möchte, muss ins Rathaus Mauer gehen: Mo 8–12 Uhr und 13.30–18 Uhr, Di–Do 8–12 Uhr und 13.30–16 Uhr, Freitag 8–12 Uhr. Nicht an Wochenenden. Beamtenzeiten eben.

Adresse Grafenrain, 69256 Mauer | **ÖPNV** S5, Haltestelle Mauer Bahnhof | **Pkw** B 45 bis Mauer, von der Heidelberger Straße in die Schillerstraße, dann links in die Goethestraße, die nach dem Knick zu Grafenrain wird | **Tipp** Spaziergang durch den Judenwald nebenan, in dem die Schmetterlingsart Spanische Flagge höchsten europäischen Artenschutz genießt.

72 _Das Kartoffelmuseum
Immer der Nase nach

Sie ist die Säulenheilige der Kurpfalz. Sie ist die Lebensspenderin. Sie ist die Kraft, sie ist die Seele. Und aus ihr kann man Kartoffelbrei machen.

Man kann die Pfälzer Geschichte vielleicht auch so erzählen: Erst kam die Kartoffel aus Amerika, dann kamen die Soldaten aus Amerika. Die Soldaten sind bald weg, die Kartoffel ist immer noch da. Spielt es denn eine Rolle, dass Niedersachsen und Bayern die deutschen Hauptanbaugebiete sind, wenn die Pfälzer Kartoffel einfach zwei Wochen früher reif ist?

Der Reihe nach. Dieses knuddelige Museum begann 1980, als die Landwirtschaftsvereinigung CMA vor 80 Journalisten eine einzige Tatsache verkündete: Man werde künftig auch im Frühjahr ernten. Damit es noch ein bisschen was zu gucken und zu berichten gab, stellte man die Geschichte der Kartoffel aus. Dies war auf der anderen Straßenseite im Barockschloss von 1731. Die Resonanz der Journalisten war so positiv, dass daraus eine ständige Institution werden sollte. Voilà! Sieben Jahre später waren Fakten geschaffen, auch der Zentralrat der Juden stimmte zu. Der Juden? Ja, der Juden. Mitte des 19. Jahrhunderts war die größte Religionsgemeinschaft in Fußgönheim die jüdische! Und in den 1980ern war die Synagoge zu nichts nütze. Was macht der Pfälzer in so einem Fall? Er sagt sich: zum Wein gibt's schon so viel, da machen wir ein Kartoffelmuseum rein.

Und seither gibt es dort allen möglichen Klimbim um die Grumbeer anzusehen, Schälmaschinen, Erntegeräte, eine Ein-Kilo-Kartoffel, ungenießbare peruanische Urkartoffeln und so weiter. Man braucht keine weiten Wege zu fürchten, denn kaum geht man rein, ist man schon drin. Das Museum ist klein. Aber der Ehrenvorsitzende und Mitgründer des Vereins, Karl Freidel, hat viel zu erzählen zu den teilweise sonderbaren Exponaten. Das Museum ist klein, aber voll. Toll.

סלום FRIEDEN

Adresse Hauptstraße 62, 67136 Maxdorf-Fußgönheim | **ÖPNV** Maxdorf Bahnhof, dann Ruftaxi 5956 | **Pkw** A 650, Ausfahrt Maxdorf Richtung Fußgönheim | **Öffnungszeiten** jeden 2. Sonntag im Monat 13–18 Uhr und auf Anfrage, Tel. 06237/3288 | **Tipp** Gegenüber an der Hauptstraße liegt das Hallbergsche Schloss, an das ein kleines Gerätemuseum angegliedert ist. Öffnungszeiten wie das Kartoffelmuseum.

73 __ Gemeinde(frei) Michelbuch

485 Hektar nichts und niemand

Die größte Gemeinde der Kurpfalz heißt Mannheim und liegt an Rhein und Neckar, hat mit 310.000 Einwohnern die meisten und eine Siedlungsdichte von 2.152 Mannheimer Quadratschädeln pro Quadratkilometer. Die kleinste Gemeinde der Kurpfalz heißt Michelbuch und ist gar keine, liegt nicht am Rhein, aber wenigstens am Neckar, hat mit null Einwohnern die wenigsten und eine Siedlungsdichte von null Michelbuchern pro Quadratkilometer. Die beiden einzigen Nachbargemeinden – mit Menschen drin – Hirschhorn und Neckarsteinach interessieren sich nicht so recht dafür.

Was es in Deutschland normalerweise nicht gibt, ist nichts. Leere Landschaften, namenlose Flächen ohne Menschen, Hochspannungsleitungen, Gullys, Straßenschilder, Türme mit Antennen, Schneisen für Waldarbeiter, Bahnübergänge, Briefkästen, Basistelefone (ehemals: Zellen), Steppenläufer (kullernde Graskugeln).

Man beachte, dass verwaltungstechnisch die Zuteilung des Kraftfahrzeugkennzeichens HP für Michelbuch erfolgt ist, wenngleich dies als Blödsinn höchster Ordnung zu betrachten ist.

Die historische Reihenfolge der Besitzer ist: bis 1560 Kloster Schönau, Kurpfalz, Baden, und 1905 gab es dann den legendären Deal mit Hessen, dass das Gebiet mit dem Zweitnamen Distrikt Klosterwald zu erhalten sei. Eigentümer ist die »Evangelische Stiftung Pflege Schönau«, die kirchliche Ländereien und Gebäude verwaltet.

Von Heidelberg aus nimmt man die Abfahrt Neckarhausen, rechts geht es ins Oberdorf, links in die Odenwaldstraße, dort parkt man und kann in den Wald gehen. Sobald die ersten Häuser von Lanzenbach ins Blickfeld kommen, geht es rechts den Steinbruchweg hoch, gleich nach der Schranke. Erwarten Sie nicht allzu viel – außer einem Forsthaus – in Michelbuch. Aber immerhin: Wald gibt es. Und schön ist es. So leer irgendwie.

Adresse Eben gerade keine! | **ÖPNV** S1, S2, Haltestelle Neckarhausen, 5 Minuten zu Fuß. Achtung, Richtung Hirschhorn, nicht verwechseln mit dem Neckarhausen bei Edingen! | **Pkw** B 37, Abfahrt Neckarsteinach-Neckarhausen abfahren | **Tipp** Die ehemalige Burg Hundheim aus dem 11. Jahrhundert, den Berg hoch, deren Reste man im Wald suchen muss!

74_ Die Anhäuser Mühle

Ein Kunststück

Die Touristeninformation von Monsheim hat einen cleveren Trick gefunden. Nach Feierabend stellt sie die Faltblättchen und Ortsplänchen, die es gerade im Übermaß gibt, einfach vor der verschlossenen Tür ab. Falls doch noch jemand kommt und was will.

Und die Mitarbeiter der Touristeninformation haben es ebenso gut wie die Verbandsgemeindeverwaltung, das Standesamt und der Schiedsmann von Monsheim. Sie arbeiten im – nach dem Schloss – zweitschönsten Gebäude vor Ort, der Anhäuser Mühle.

Zum Tag der deutschen Einheit 1990 wurde vor der Toreinfahrt ein Baum gepflanzt. Vermutlich zum Andenken an diese Tatsache wurde ein Gedenkstein gehauen und ins Gras gelegt. Und da liegt er, in der Nähe eines alten Mühlrads, denn was soll man mit Mühlrädern ehemaliger Mühlen anderes machen?

Die Ex-Mühle bietet so einiges an Veranstaltungen. Ausstellungen, Kabarett, Kunsthandwerkermärkte, Lebenslust & Kunstgenuss, wie immer Veranstaltungen nun mal heißen, wo Menschen mit der festen Absicht hinlaufen, Geld in ordentlicher Menge für Gegenstände mit teilweise unklarer Verwendung zu hinterlassen.

Den Höhepunkt des Mühlenhofes bildet jedoch der trockene Brunnen mit folgender Information: »Ein Gräberfeld der Jungsteinzeit in der Gemarkung Monsheim gab der ›Hinkelsteiner Kultur‹ den Namen. Vor ca. 5.000 Jahren wurde auch hier im Pfrimmtal die vormals jagende, dem Wild nachziehende Urbevölkerung sesshaft. Damals hat man bereits Töpferwaren hergestellt und benutzt.«

Und die Brunnenskulptur? Eine Namenlose aus dieser Zeit soll an den Beginn der dauerhaften Besiedlung unserer Landschaft erinnern. Eine Steinzeitfrau, ja sogar … eine namenlose Steinzeitfrau! Hier in Monsheim. Es war nicht so, dass ein Bildhauer (Gustav Nonnenmacher) eine Mädchenskulptur noch im Archiv hatte, nein, er hat sie geradezu bildlich vor seinem inneren und, ach, äußeren Auge gesehen und bildgehauert. Das muss man gesehen haben!

Adresse Alzeyer Straße 15, 67590 Monsheim | **ÖPNV** Regionalbahn nach Bahnhof Monsheim, Fußweg 5 Minuten | **Pkw** A 61, Richtung Koblenz, Ausfahrt Worms, Richtung Monsheim | **Öffnungszeiten** unregelmäßig, mindestens 8.15–12 Uhr, Mo 14–18 Uhr, Sa 9–12 Uhr | **Tipp** Das Monsheimer Schloss liegt zwar etwas zurückgebaut, aber dennoch mitten im Ort und ist in Privatbesitz, wird privat bewohnt. In welchem Jahrhundert Monsheim lebt, findet man am besten selbst raus in der Schloßhohlstraße, die direkt von der Hauptstraße abgeht.

75 Das Monsheimer Schloss

Hinkelstein beim Pinkel fein

Die Monsheimer schaffen Erstaunliches. Sie schaffen es, dem Besucher drei völlig verschiedene Einheimische entgegenzuschicken, die allesamt auf die Frage nach dem Weg antworten: »Schloss? Hier in Monsheim? Blödsinn!« Beachtlich. Das Schloss liegt mehrere Meter von der Straße zurück, aber … nein, versteckt kann man das nicht nennen.

Es gibt eine offizielle Attraktion im Schlosshof. Die einen nennen sie Kalksteinblock, die anderen sagen Hinkelstein. Auch die Asterix-Übersetzer entschieden sich zum Glück damals für zweiteres, sonst wäre Obelix ein Kalksteinblock-Lieferant.

Den Hinkelstein fand man noch vor den hiesigen Steinzeitmenschen, der sogenannten Hinkelsteingruppe – die Monsheimer mögen es da prosaisch. Vor 7.000 Jahren lebten hier Menschen aus jener Zeit, siehe auch im Kapitel zur Anhäuser Mühle, wo sie in geradezu zeitgenössischer Darstellung zu bewundern sind.

1394. Das Schloss selbst war zuerst eine Wasserburg. Ab 1651 wurde es dann ein Renaissance-Herrenhaus. Aber aus heutiger Sicht wesentlich wurde es erst, als der damalige Schlossherr entschieden in die deutsche Demokratiegeschichte eingriff.

1848 wurde der Schlossherr aus Monsheim zum ersten deutschen demokratischen Parlamentspräsidenten gewählt. Heinrich von Gagern hielt auch die Eröffnungsrede der ersten sogenannten Volksversammlung, dem von Monarchisten verlachten Professorenparlament.

Heute ist das Monheimer Schloss kein Touristenfleck, sondern ein bewirtschafteter Hof. Die Chancen, dass das Hoftor offen steht, sind ganz gut. Die wahre Pracht stellen die verschiedenen Baustile dar. Alles ist dabei, was das Herz begehrt, historistischer Kitsch inklusive. Außerdem findet hier alle paar Wochen der »Bauern- und Kükenmarkt« im Kreuzgewölbestall statt … falls Ihr alter Bauer mal kaputtgeht.

Adresse Schloßhohlstraße, 67590 Monsheim | **ÖPNV** Regionalbahn nach Bahnhof Monsheim, Fußweg 5 Minuten | **Pkw** A 61, Ausfahrt Worms, Richtung Monsheim-Ortsmitte, das Schloss liegt linker Hand etwas zurückgebaut | **Öffnungszeiten** unregelmäßig | **Tipp** Der ausgewiesene Rundgang durch Monsheim ist empfehlenswert.

76___Die Kultstätte
Blutrausch

Die Zotzenbacher mögen die Mörlenbacher nicht so, weil auf der Durchgangsstraße von Mörlenbach, der B 38, immer Stau ist, und sobald man aus Zotzenbach in die weite Welt möchte, muss man durch Mörlenbach fahren.

Von Mörlenbach aus fährt man die B 38 Richtung Rimbach, und etwa 100 Meter vor dem Kreisel geht rechts eine Straße ins Gelände, die nur für land- und forstwirtschaftliche Fahrzeuge frei ist. Hier muss man es irgendwie hinbekommen, dass sich der eigene Pkw möglichst dezent in Luft auflöst.

Schon nach wenigen Metern führt links ein Weg den Hügel hoch in das Miniwäldchen hinein. Zur Kultstätte geht es dem winzigen Holzschildchen »Zur Kultstätte« nach. Ein Kreuz. Und eine Art Steintreppe ins Nichts.

Hier war es.

Die Bauern aus der Umgebung wissen, dass hier eben nicht einfach eine Fronleichnamskultstätte ist, sondern etwas ganz anderes. Im 17. Jahrhundert, zu Zeiten der Bauernkriege, fand hier ein Morden statt. Wahrscheinlich ging es um Religion, vielleicht ging es um Aberglaube. Als gesichert gilt, dass hier im Wald über 200 Bauern totgeschlagen, geköpft, auf alle möglichen Arten aus dem Leben entfernt wurden. Hier auf diesem Steintreppchen soll es gewesen sein, erzählen die Bauern.

Seit dieser Zeit wächst auf dem angrenzenden Acker nichts Rechtes mehr. Angeblich ist damals so viel Menschenblut in den Grund geflossen, dass die Erde davon verflucht ist.

Angeblich hat Jean Pütz in der Hobbythek mal mit Blutdünger bei seinen Gartenpflanzen große Erfolge erzielt. Aber Blut enthält Ionen aus Salz, also Natrium und Chlorid, das in großem Maß den Boden zerstört. Sagen die Biochemiker.

Sicher ist, dass man hier in Mörlenbach im Wäldchen eine Gänsehaut bekommt.

Adresse 69509 Mörlenbach | **ÖPNV** Regionalbahn zum Bahnhof Zotzenbach, dann zu Fuß weiter | **Pkw** B 38, Richtung Fürth, bis zum Zotzenbacher Kreisel, dort parken, oder scheinlegal in die Straße für landwirtschaftlichen Verkehr fahren | **Tipp** Der nahe Zotzenbacher Tierfriedhof liegt abseits neben dem Sportplatz den Hügel hoch und stellt eine Kultstätte ganz anderer Art dar.

77 — Das Simultaneum
Und sie bewegt sich doch

Die Erzdiözese Freiburg, immer um poppiges Marketing bemüht, wählte St. Juliana im Juni 2005 zur »Kirche des Monats«.

Leider ist die Geschichte dahinter spannend und wirklich verrückt, aber elend kompliziert, dies also ein Versuch der Entwirrung. Einige Jahrzehnte lang baute man St. Juliana, bis sie etwa 1450 fertig war. Gut. Über 100 Jahre später durfte sie nicht mehr als Stiftskirche dienen, hieß aber immer noch St. Juliana. Um 1700 nun zogen Protestanten zu den Katholiken in die Kirche mit ein, nutzten sie gleichzeitig. Für und gegen den Papst, für und gegen den Ablass, für und gegen die Beichte, das sind alles keine ganz kleinen Problemchen. Aber man teilte sich den Raum. Der Kurfürst missbilligte diese Gemeinschaft und verfügte per Erlass, eine Trennwand einzubauen. Heute ist sie über 300 Jahre alt und von beiden Seiten zu sehen. Die Katholiken nutzen den Chor, die Evangelen das Schiff. Immerhin war man so freundlich, den Katholiken einen Eingang zu bauen, um ihren Kirchenteil gelegentlich auch verlassen zu können.

War sonst was? Nicht viel: Zum katholischen Gottesdienst läuten evangelische Glocken. Die einzige hörbare katholische Glocke läutet auf der anderen Straßenseite, und das auch noch um so eine krumme Uhrzeit, 22 Uhr 45, und zwar im Rathaus, das dort steht, wo einst die katholische Cäcilienkirche war, die aber längst abgerissen und neu gebaut wurde und so halb interessant ist, oben in der Pfalzgraf-Otto-Straße. Eine Filialkirche.

Immerhin haben es auch die Häfen Mannheim und Ludwigshafen geschafft, gemeinsame Verwaltungsarbeit zu verrichten, eine Kooperation, die unter www.2Haefen.de im Internet zu bestaunen ist. Auch zwei deutsche Republiken einigten sich darauf, künftig unter einem Dach aufzutreten (»Wiedervereinigung«).

Und in Mosbach? Ökumene bis zum Gehtnichtmehr, mittags treffen sich zur »Mittags Pause« im katholischen Teil Personen beider Konfessionen, um ökumenisch anzudenken. Von 12 Uhr 30 bis 12 Uhr 40.

Adresse Marktplatz, 74821 Mosbach | **ÖPNV** Mosbach (Baden) | **Pkw** B 27 oder B 37, am Neckar mit Parkscheibe parken | **Öffnungszeiten** täglich 13–17 Uhr | **Tipp** Unbedingt empfehlenswert ist ein Altstadtrundgang, denn Mosbach hat an krummen Gassen und schiefen Häusern mit Fachwerk einiges zu bieten.

78__Die Post
Restposten?

In dem Verkehrskreuzungsgebiet, das man als Zentrum Mutterstadts bezeichnen könnte, finden sich das Alte Rathaus und noch so manches andere Fachwerkhaus, hübsch aufpoliert und clean getüncht. Und es findet sich eine echte Schande, an der die kleine Stadt keine Schuld trifft, sondern das übergroße Dax-Unternehmen Post. Diesmal hat Goliath David keine Chance gelassen.

Die alte Post stammt aus den Jahren 1927 bis 1929, und gerade das Irritierende an ihr macht sie denkmalwürdig. Mitten in der Bauhauszeit verwendete man ältere Baustile mit, das Experiment gelang. Dennoch könnte man auch leicht an ihr vorbeigehen, wäre da nicht die eisenbeschlagene Tür, dick, schwer, imposant, mit sechs recht eigenwilligen Reichsadlern. Als die Post ihr altes Gebäude 2006 aufgab, sammelten die Mutterstädter 1.500 Unterschriften verzweifelter Bürger.

In solchen Fällen geht es vorrangig um die Postdienste, und die Lokalzeitung Rheinpfalz verweist darauf, dass die Stadt der Hauptumschlagplatz für Obst und Gemüse im Südwesten ist (wo immer der liegen mag), und so ein Ort braucht natürlich eine richtige Post. Immerhin kann auch ein Post-Ober-Dax wie Klaus Zumwinkel ein denkmalgeschütztes Gebäude nicht einfach abreißen. Stilistisch ist die Mutterstadter Post ein Trauerspiel für Menschen mit schwarzem Humor, ein Genremix mit dem Schlechtesten aus den 1960ern, 1990ern und dem Geschmacklosesten von heute. Die sechs wunderbaren Adler werden zeitweise gnadenlos von blökenden Transparenten mit der unfrohen Botschaft eines Immobilienhändlers flankiert.

Die alte Post wird noch restgenutzt. Aber sie steht immer noch zu vermieten, und unwillkürlich gruseln einen Phantasien von Pizzabringdiensten, Null-Euro-Läden oder wenigstens Kalaschnikow-Verleih-Firmen.

Hoffen wir das Beste, dass sich vielleicht ein potenter Hersteller von Muttern einmietet, das wäre doch mal was.

Adresse Ludwigshafener Straße 6, 67112 Mutterstadt | **ÖPNV** ab Limburgerhof Bus 581 oder 582, Haltestelle Neue Pforte | **Pkw** A 65, Ausfahrt Mutterstadt-Nord | **Tipp** Die nahe Bohligstraße ist nach dem »stärksten Mann der Welt« aus dem Jahr 1880 benannt, Ernst Bohlig aus der Gewichthebermetropole Mutterstadt. Sinnlos, aber schön.

79__ Der Wasserturm
Die Wüste lebt

Mag sein, dass es ein männlicher Spleen ist, sich für Wassertürme zu begeistern und solche Dinge zu tun, wie die Deutsch Internationale Wasserturm Gesellschaft zu gründen, die archiviert und katalogisiert und fotografiert, was das Zeug hält. Dieses sehenswerte Exemplar steht in Mutterstadt und bietet allerlei unwichtige Sonderfeatures, die andere Wassertürme nicht haben. Generell muss man vorausschicken, dass trotz Wein- und Bergstraße der große Teil der Kurpfalz durch Rhein und Neckar plattgespült wurde, mit der Folge, dass man zu Zeiten zunehmender Verstädterung größere Mengen sauberes Wasser brauchte. Und Mutterstadt beschlich dieses bedrohliche Gefühl zu verstädtern, Ende der 1920er Jahre. Das architektonisch bemerkenswert belanglose Örtchen schenkte sich einen recht exaltierten Exoten, indem es die alte Fußballerregel befolgte: Das Runde muss ins Eckige. Außen ist der Grundriss rechteckig, fast quadratisch. Der Wasserbehälter jedoch im Inneren ist rund. Der Gemeinderat wollte es so, der Architekt sagte sich: Warum nicht?

1932 wurde das herausragende Bauwerk vollendet und überlebte zum Glück den Zweiten Weltkrieg. Die launige Form wurde bei der Sanierung 1989 noch unterstützt, als man sich entschloss, die Außenfassade in einer Art Tapetenmuster mit geometrischen Formen und Förmchen zu bemalen, und das in den seinerzeit hippen Tönen pastellgelb, pastellgrün, pastellblau, pastelllila, pastellocker. Die beiden Balkone pappen halt irgendwo neben der Symmetrieachse und sind bei besonderen Anlässen begehbar – wenn die Turmfalken gerade nicht brüten und wenn man sich nicht beschwert, dass man von dort aus in allererster Linie Mutterstadt sieht.

Nicht nur der Mannheimer Wasserturm wird heute noch genutzt, sondern auch der Mutterstadter, wenn auch nur um Druckschwankungen auszugleichen. 200.000 Reichsmark, die gut angelegt waren, denn der Mutterstadter Wasserturm ist zudem gut von der Autobahn sichtbar. Wenn man an Mutterstadt vorbeifährt.

Adresse Jakob-Weber-Platz, 67112 Mutterstadt | **ÖPNV** Bus 571, Haltestelle Berliner Platz | **Pkw** vom Zentrum aus Richtung Limburgerhof | **Öffnungszeiten** nur in Ausnahmefällen, zum Beispiel am Tag des offenen Denkmals, zu betreten | **Tipp** Im Mutterstädter Wald veranstaltet der BUND Rhein-Pfalz (Tel. 06236/88436) gelegentlich nächtliche Exkursionen zu den heimischen Fledermäusen. Wer will, kann ja mal probieren, die Fledermauskästen selbst zu finden.

80__ Der Burgstollen

Alte Steine, alte Tierarten, alte Sehnsüchte

Was löst in uns diesen Prickelgrusel aus, wenn wir hören, dass es auf einem Berg eine Burg gab, die zur Ruine mit einem Bergstollen für Belagerungszeiten zerfallen ist? In Wahrheit ist eine Belagerung eine Qual für die Belagerten und ein Nervenspiel für die Belagerer. In Wahrheit ist der Wald hier so extrem steil abfallend, dass man sich im Zweifelsfall eher die Rolle des Belagerten wünschen würde. Und in Wahrheit diente der Stollen gar nicht dazu, die Festung heimlich verlassen zu können und wieder zu betreten, nein, er war nur ein profaner Lüftungsschacht, um den Brunnen zu bauen.

Besonders viel zu sehen gibt es heute nicht in der Burgruine aus dem 12. Jahrhundert. Eine Zeit lang nutzten die Badener die Burg Dilsberg im 19. Jahrhundert als Gefängnis, später zerfiel sie und wurde als Steinbruch missbraucht. Kaputte Mauern, ein Turm, der Brunnen … zu entdecken gibt es in erster Linie viel Aussicht.

Vor dem Festungstor geht es rechts um die Festungsmauer herum, nur wenige Minuten durch den Wald – der gesamte Rundgang ist nur 600 Meter lang –, um den Burgstollen zu erreichen. Wenn man sich keiner Führung anschließt, kann man den Schlüssel auch an der Kasse abholen. Seitdem auf Burg Dilsberg wie überall sonst auch die Dachböden abgedichtet waren, fehlten den Fledermäusen die Nistplätze, und sie mussten sich auf die Suche nach neuen Unterkünften machen. Laut Angaben der Dilsberger Biologin Brigitte Heinz fand man im Burgstollen eine ganze Reihe unterschiedlich stark gefährdeter Arten: das Große Mausohr, die Fransenfledermaus, Kleine Bartfledermaus, Wasserfledermaus, Breitflügelfledermaus, Zwergfledermaus sowie Braunes und Graues Langohr, letztere Art ist vom Aussterben bedroht. Nicht zuletzt deswegen wird der Stollen so lange gesperrt, wie die Fledermäuse ihren Winterschlaf halten, etwa Mitte Oktober bis Anfang Mai, dann flattern sie aus. Aus demselben Grund wird rücksichtsvoll im Winter der Brunnen abgedeckt. Ein dunkler Ort der Kurpfalz, den man gesehen haben muss.

Adresse Burghofweg 3a, 69151 Neckargemünd-Dilsberg | **ÖPNV** Bus 753, Haltestelle Burg Dilsberg | **Pkw** B 37, in Neckargemünd ausgeschildert | **Öffnungszeiten** Di–So 10–17.30 Uhr, Mo Ruhetag, Führungen im Sommer So 15 Uhr | **Tipp** Über Neuhof und Dilsbergerhof gelangt man zum Herrenwald bei Wiesenbach, wo erst 1970 eine römische Villa entdeckt wurde, rund 7 Kilometer von der Burg Dilsberg entfernt.

81 — Der Nibelungenschatz
Legende-Ende

Der Routenplaner sagt, von Worms nach Neupotz seien es 73 Kilometer. Aber was heißt das schon? In der Simrock-Übersetzung der Nibelungensage heißt es: »Derweil hatte Hagen den ganzen Schatz genommen: Er ließ ihn bei dem Loche versenken in den Rhein. Er wähnt', er sollt ihn nutzen; das aber konnte nicht sein. Bevor Hagen von Tronje den Schatz also verbarg, da hatten sie's beschworen mit Eiden hoch und stark, daß er verhohlen bliebe, so lang sie möchten leben.« So weit die pikanteste Stelle in der Nibelungensage, einer Sage, die man nicht allzu wörtlich nehmen sollte.

In Neupotz war ein Altrheinarm versandet. Man baggerte ihn aus und schaffte den Kies fort. Eines Tages im Jahr 1967 packte der Bagger etwas ganz Unkiesiges, zerdetschte manches davon beim Zugreifen. Nach und nach holte man über 1.000 Gegenstände aus dem Wasser. Damals gehörte das Kieswerk den Gebrüdern Kuhn, heute ist es im Besitz der HeidelbergerCement. Und laut dem Bergrecht *dürfen* die Gebrüder Kuhn gar nicht verkaufen, was sie da gefunden haben. Man befindet sich im größten deutschen Polder mit einem Ausmaß von etwa sechs Millionen Kubikmeter Wasser. Nur um zu verdeutlichen, dass in Neupotz Wasser immer noch eine große Rolle spielt. Damals, im 3. Jahrhundert, passierte angeblich Folgendes: Franken und Alemannen waren tief ins Linksrheinische vorgedrungen, bis an die Pyrenäen, aber nur, um zu rauben. Dieses Raubgut transportierten sie nun auf einem schlechten Schiff auf dem Rhein. Als sie von römischen Soldaten gestellt wurden, versank das Metall bei dem Gemetzel im Fluss. Vor allem Eisen, aber auch etwas Kupfer, Silber, Bronze. Die meisten Gegenstände sind Waffen, Haushaltsgerät und Werkzeuge. Aber die Germanen waren nicht so kunstfertig wie die Römer, für sie könnte dies wirklich einen »Schatz« darstellen. Und wenn man über 1.000 Stück gefunden hat, dürfte wohl erheblich mehr im Rhein gelandet und fortgespült worden sein. Und was findet sich vor Ort an dem Altrheinarm? Kein Schild. Nur Schilf.

Adresse Friedhofstraße, 76777 Neupotz | **ÖPNV** Bus 595, Haltestelle Neupotz Weidfeld | **Pkw** B 9, Friedhofstraße bis zum Ende, linker Hand ist die Fundstelle | **Tipp** Die Gastromeile in der Hauptstraße bietet einige Restaurants dicht an dicht, überraschend für das kleine, verschlafene Örtchen.

82 Die Burgruine Spangenberg

Etwas für Hobbyritter

Ist nicht eine Burgruine wie die andere? Ganz sicher nicht.

Der Verein Burg Spangenberg hat 380 Mitglieder, von denen etwa 30 aktiv sind. Und was die Burgruine angeht, macht der Verein alles. Laut Auskunft des Vereins. Genauer gesagt laut den maßgeblichen Baumanns (die mit dem Autor nicht verwandt oder verschwägert sind). Es sind der 1. Vorsitzende Markus Baumann und der Konservator Peter Baumann. Samt ihren Frauen kümmern sie sich drum.

Als die Reste der Ruine drauf und dran waren, zu Staub zu zerfallen, wurde ein Verein gegründet und rettete sie. Heute ist der Verein kurz davor, zu Staub zu zerfallen. Aber gibt es Vereine zur Rettung von Vereinen? Der Pfalz würde man es zutrauen. Diese Art von Heimatliebe, die Bereitschaft, ein ums andere Wochenende hier oben zu arbeiten, bringen heute nicht viele Menschen auf. Wie die Bereitschaft, für die Ausflügler die Burgschänke zu führen und echtes Essen zuzubereiten, Leberknödel, Bratwurst … Und die Vereinsleute packen an. Welcher Maurer zum Beispiel, fragen sie rhetorisch, beherrscht noch die Techniken, um einen Sandstein so zu bearbeiten wie den da droben? Darüber hinaus richten sie Führungen aus: eine durch die Burgruine Breitenstein und eine durch die drei Burgen Breitenstein, Spangenberg und Erfenstein. Und das ist wörtlich zu nehmen: jeweils eine pro Jahr!

Die ehemalige Burg Spangenberg ist eine Ansammlung von Fragezeichen. Niemand weiß, wer der Bauherr war. Niemand weiß, wann das Baujahr war. Aber vor allem weiß niemand, wie die Burg tatsächlich einmal ausgesehen hat! Nichtsdestotrotz hat der Verein ein Modell, wie sie ausgesehen haben *könnte*. Man weiß nur, dass sie um 1100 schon existiert hat, dass man prima Ritterveranstaltungen und Feste in ihr durchführen kann und dass sie heute der Stadt Neustadt gehört. Die hat aber kein Geld für diese Ruine.

Adresse Talstraße, 67434 Neustadt | **ÖPNV** Bus 517, Haltestelle Erfenstein, Schloßschenke | **Pkw** A 65, Abfahrt Neustadt-Süd, B 39, Richtung Lambrecht, Frankeneck | **Öffnungszeiten** Sa 13–19 Uhr, So 10–19 Uhr, Januar geschlossen | **Tipp** Rückweg über Lambrecht. Ganz Lambrecht umweht ein Hauch von Geisterstadt, vor allem aber die ehemalige Tuchfabrik an der Staatsstraße ist eine geheimnisvolle, anziehende Ruine.

83 Das Haardter Schloss

Bester zweiter Platz

Zur Entwirrung: Der Neustädter Ortsteil heißt auch Haardt, genau wie das Mittelgebirge dahinter. Der Weg führt zwischen den Weinbergen hoch, die Umgebung ist so grenzenlos malerisch, dass man jederzeit mit einem Eiswagen rechnet, einem mobilen Latte-macchiato-Stand oder einem werbenden Mobilfunkmitarbeiter. Aber hier oben gibt es nur den Weinberg, die Straße und darüber Wald. Die, die im Haardter Schlössel wohnen, haben es offenbar gut. Inzwischen wird das Schloss nicht mehr als Hotel bewirtschaftet. Vor dem Eingangstor rechts kann man parken, wenn man es vorzieht, nicht zu Fuß die paar hundert Meter hochzukommen.

Der Vollständigkeit geschuldet: Vorbesitzer war im 19. Jahrhundert ein Herr namens August Ritter von Clemm, einer der Männer, die als Begründer der BASF gelten.

Die Nutzung des Neubaus von 1875, dem Herrenhaus, wechselt. Zurzeit befindet sich darin die Fotogalerie mit dem Programmtitel »Gute Aussichten«. Und wie ist die Aussicht hier? Nichts weniger als das Gefühl: Ich bin der König der Welt. Sie stehen dort oben, und Sie besitzen einfach alles, was unter Ihnen liegt. Mag sein, dass es hinter Ihnen, über Ihnen noch einen Wald gibt, aber der existiert hier nicht mehr. Doch darum geht es nicht. Hinter dem Herrenhaus befinden sich noch erhaltene Teile einer 1.000 Jahre alten Burg. Es liegt nur am politischen Schatten des Hambacher Schlosses, dass dieser Ort so viel weniger prominent ist. Es ist das Bleibsel der Burg Winzingen, die nicht immer zugänglich ist, ringförmige Mauer, Reste des Turmes, Kellergewölbe und die Kapelle sind noch zu sehen. Winzingen ist der Kernort, aus dem später Neustadt hervorgehen sollte. Und mit einem Mal verschwinden vor dem geistigen Auge all die Weinreben und die »schöne« Aussicht, denn Teile der Anlage sind überwachsen, ein wenig verfallen und nicht totgepflegt und übersaniert bis zur dreidimensionalen Glanzpostkarte. Das ist ein Stück tiefstes Mittelalter, wie man es nur sehr selten zu sehen bekommt.

Adresse Mandelring 35, 67433 Neustadt-Haardt | **ÖPNV** Bus 511, 512, Haltestelle Haardt, Schloss | **Pkw** A 65, Ausfahrt Neustadt-Nord, Richtung Haardt Schildern folgen | **Öffnungszeiten** Infos Fremdenverkehrsamt Tel. 06321/926892 | **Tipp** Die Weingüter davor sind selbst oft schlossartig!

84__Die Hellerhütte

Tatort Kurpfalz

Die Hellerhütte ist eine imposante Wanderhütte, die vor über 100 Jahren von Wanderverrückten erbaut wurde, die vermutlich ohne Motorkraft alle Steine hier heraufbeförderten. Aber hier im Wald hinter Lambrecht spielte sich eine ganz andere Geschichte ab: die der Kimmel-Bande zwischen den 1950er und 1980er Jahren.

Da ist die seltsame Vorbildrolle als eine Art Pfälzer Robin Hood, da sind die Demonstrationen gegen Gangsterfilme, die es tatsächlich gab, das mythische Wirtschaftswunder, das inzwischen so viele Knackse abbekommen hat, das Unheimliche des Pfälzer Waldes, in dem man sich offenbar verstecken kann, und die Aktivität in der ganzen Region. Junge Kerle auf dem Weg zu Schwerstkriminellen.

In der Silvesternacht 1960 kamen sechs Männer angetrunken von der Totenkopfhütte – die sie abgebrannt hatten – und schossen herum. Der damalige Wirt der Hellerhütte, Karl Werz, starb. Die Kugeln kamen aus der Pistole von Lutz Cetto. Einige Jahre später verhaftete man den Bandenchef Bernhard Kimmel. Bei einem Ortstermin ganz in der Nähe im Wald, am sogenannten Brechloch, gelang es ihm mit einer List, der Polizei zu entkommen.

Am besten, man lässt sich die Geschichte von den alten Herren an der Getränkeausgabe erzählen, die alle mehr oder minder Zeitzeugen sind. Hier die Kurzform: Die Kimmelbande aus Lambrecht fand im Wald alte Armeewaffen, die von Wehrmachtssoldaten auf der Flucht weggeworfen worden waren. Sie machten Schießübungen, sie waren neidisch auf alle, die am Wirtschaftswunder teilnahmen, nur sie nicht. Sie begannen mit kleinen Straftaten, die sich allmählich steigerten. 187 Delikte und Verbrechen zählte man. Da die Bandenmitglieder kleine Leute waren, genossen sie eine gewisse Sympathie, und die Polizei tappte im Dunkeln herum. 1981 folgte schließlich ein Bankeinbruch, bei dem sie auf frischer Tat ertappt wurden, ein Polizist wurde schwer verletzt, und ein Polizist kam zu Tode. Kimmel bekam lebenslänglich und wurde 2003 von Helmut Kohl begnadigt.

Adresse 67434 Neustadt, Parkplatz Totenkopf | **ÖPNV** Bus 503, Haltestelle Römer-Wach-stube, nur sonntags | **Pkw** A 65, Ausfahrt Edenkoben Richtung Maikammer, dann L 515 Richtung Kalmit bis Parkplatz Totenkopf | **Öffnungszeiten** Da immer Personal gesucht wird, unbeständig, jedenfalls Sa, So, feiertags bis 18 Uhr | **Tipp** Im Örtchen St. Martin bietet das Restaurant Buschmühle alles an Preis-Leistung, Natur und Inneneinrichtung, was ein Restaurant nur bieten kann.

85 Die Ruine Birkig
Playmobil-Denkmal

Es gibt so eine kurpfälzische Tradition des Müpfigen bis Aufmüpfigen, die enervierend, aber auch sympathisch sein kann, weil diese Widerspenstigkeit manchmal an den sonderbarsten Stellen zu Tage tritt und trampelt.

In Geinsheim ist der offensichtliche Blickfang die wuchtige Kirche St. Peter und Paul schräg gegenüber der Ruine Birkig, direkt an der Hauptstraße. Katholisch, aber freundlich und geschmackvoll mit auffälligen runden Kirchenfenstern an der Vorderseite, die sich zurzeit fest in Taubenhand befinden. Links neben der Kirche finden sich noch ein Marienaltar, alte Grabplatten und eine Petersglocke, die auf dem Rasen herumsteht. Bestellung erfolgt, auf Abholung wird verzichtet.

Die Geinsheimer gehörten dereinst zu Speyer und fühlten sich nicht so recht dazugehörig, dann waren sie bayrisch und fühlten sich erst recht nicht dazugehörig. Inzwischen sind sie ein Teil von Neustadt. Offenbar sieht man in Neustadt nicht dieselben heimatforscherischen und konservatorischen Notwendigkeiten wie in Geinsheim.

Die Straße heißt Im Birkig. Was man in Birkig sieht, ist eine Patenruine. Ganz offensichtlich eine Ruine, die einen Paten hat. Wenn nicht Schilder angebracht wären, würde man vielleicht vorbeifahren, ohne zu ahnen, dass man gerade an einer Patenruine vorbeifährt. Der Ortsbeirat hat es beschlossen, Geld gab es wie immer zu wenig, um den alten Gutshof zu erhalten, und so ist das, was man sieht, so etwas wie ein lebensgroßes Reiterstandbild, von dem leider aufgrund widriger Umstände nur noch der Fuß im Steigbügel erhalten ist.

Die Hofruine Im Birkig kann man immerhin in Metern messen, und man kann sich auf eine Bank setzen und still den Menschen danken, die vier Rebstöcke im Innenraum der Ruine gepflanzt haben. Die Bank ist laut handschriftlichem Vermerk eine sogenannte »Ruhebank« und wurde gespendet. Man beachte, dass seit der Einweihung »die komplette Anlage für jedermann zugänglich« ist. Und das sollte man nutzen, auf allen 20 Quadratmetern.

Adresse Im Birkig, 67435 Neustadt-Geinsheim | **ÖPNV** Bus 573, Haltestelle Neustadt-Geinsheim, Kirche | **Pkw** A 65, Ausfahrt Neustadt, dann Richtung Speyer | **Tipp** Ein Männerchor. Vorher unter www.chorsaenger-1791-geinsheim.de informieren, wo sie gerade auftreten, und man kann den ersten deutschen Männergesangverein besichtigen.

86___Der Nepomuk
Du hier?

Zu den Grundlagen der Komik gehört laut der Schule von Rowan Atkinson, dass Gegenstände oder Personen am falschen Ort auftauchen können; wie Atkinson selbst, der im Unterschrank unter der Küchenspüle sitzt.

Die Nepomukstatue in Nußloch ist kunstgeschichtlich und kunsthandwerklich nichts Besonderes, wird allgemein nicht mehr als »ganz schön« oder »sympathisch« empfunden. Kein strenger Heiliger, sondern eher der Typ netter Onkel.

Im Örtchen Nepomuk kam Nepomuk zur Welt. Schon im 14. Jahrhundert. Johannes von Nepomuk wurde Generalvikar, vor allem aber Beichtvater. Bei ihm beichteten König Wenzel nebst Gattin, und um die ging es. Der König ließ Nepomuk foltern, aber dieser verriet nicht, was die Gattin gebeichtet hatte. Schließlich ließ Wenzel den Nepomuk in die Moldau werfen, wo er ertrank … oder eben nicht! Da fängt die Heiligengeschichte an; er habe überlebt; er sei dem Beichtgeheimnis so treu gewesen. Kurzum, Nepomukstatuen stehen aufgrund des Ertrinkens oder auch Nichtertrinkens gern an Brücken. Am Spielplatz an der Hauptstraße, Ecke Sofienstraße ist aber keine Brücke, noch nicht mal Wasser. Dort, wo die Statue bis 1997 stand, einen Block weiter an der Walldorfer Straße, ist ebenfalls keine Brücke und ebenfalls kein Wasser. Allerdings gab es mal ein Bächlein, bis ins frühe 20. Jahrhundert, das bei einem Gewitter zum Sturzbach wurde, und als einmal ein spielendes Kind hineinstürzte, ertrank es *nicht*. Gleichzeitig berichten die Einheimischen, man habe die Statue errichtet, um das damalige Stadttor zu bewachen, das 1826 abgerissen wurde. Ob er nun ein nicht mehr vorhandenes Gewässerchen oder ein nicht mehr vorhandenes Stadttor bewachte, muss mystisch bleiben. Das Gitter vor dem Hohlraum dient übrigens nur dazu, dass keine spielenden Kinder hineinkriechen und den Ausgang nicht mehr finden. Und noch was: Die spitznamentliche Ableitung von Nepomuk ist Pumuckl.

Adresse Hauptstraße 102, Ecke Sofienstraße, 69226 Nußloch | **ÖPNV** Bus 723, Haltestelle
Lindenplatz | **Pkw** B 3, Abfahrt Nußloch, am Kreisel rechts | **Tipp** Mehrere sehr alte Höfe
aus dem 16. bis 18. Jahrhundert stehen in der Hauptstraße, um die Nummer 50 herum,
einige sind auch zu verkaufen.

87__Die Zementwägelchen
Never ending lorry

Mitten im Wohngebiet. Als würden über Ihrem Kopf Ufos schweben, und Sie als Einziger rufen allen zu: »Ja, seht ihr die denn nicht?« und befürchten, in die Klapse gesteckt zu werden – Wiesloch ist nah.

Man hört meistens nichts. Gelegentlich ertönt ein leises metallenes Klirren, im Zweifelsfall ist die nahe B 3 viel lauter, wenn auch nicht sichtbar. Tag und Nacht läuft die Anlage – ausgenommen zum Tiefpunkt der Finanzkrise 2009 –, die im Süden im Steinbruch in Nußloch in der »Privatstraße« beginnt und im Norden nach der Zementwerkstraße in Leimen endet. Den ganzen Tag und die ganze Nacht schweben Transportwägelchen über Nußloch und Leimen, und die Menschen vor Ort verhalten sich wie im Märchen »Des Kaisers neue Kleider« – so lange keiner was sagt, sag ich auch nichts, und alles ist normal. Nur wenn Besuch von auswärts kommt, dann fragt der mal, was das ist, wofür das ist und ob das nicht nervt.

Erstaunlicherweise sind die meisten anderen Umweltphänomene um unser Wohnumfeld herum wesentlich lästiger, störender und ungesünder: Handymasten, Gullys, Hochspannungsleitungen. Und wer ist diese Firma, Heidelberger Zement? Neun Zementwerke in Deutschland, eines davon *nicht* in Heidelberg, sondern in Leimen. Die Firma – offiziell HeidelbergCement genannt – ist also ein größeres Unternehmen. 78 Millionen Tonnen Zement und Klinker pro Jahr ist keine Zahl, unter der man sich irgendetwas vorstellen kann, allenfalls, wenn man sie geistig auf Lkw zu je 40 Tonnen verteilt und feststellt, dass zwei Millionen Lkw doch eine ganze Menge sind!

Den ganzen Tag Wägelchen. Volle hin, leere her. Die vollen sind außen sauber, die leeren sind außen staubig. Manche sind bemalt, die Grundfarbe ist grün. Offiziell heißt sie Materialbahn. Die Wägelchen sind leise, schön und meistens rollen sie hoch oben über den Köpfen.

Die schönste Stelle zum Beobachten ist im Bereich Carl-Metz-Straße von Nußloch, wo die Route einen Knick hat. Thermoskanne und Klappstuhl mitbringen. Nur ein Diamant ist unvergänglicher.

Adresse Carl-Metz-Straße, 69226 Nußloch | **ÖPNV** Bus 723, Haltestelle Lindenplatz | **Pkw** B 3, Abfahrt Nußloch, mittenrein, sie sind unübersehbar | **Tipp** Das ultramoderne und imposante Gelände der SAP in Walldorf sieht man am besten vom Hasso-Plattner-Ring aus, Nußlocher Straße durch Walldorf durch, SAP-Schildern folgen.

88_ E Grenzele

Zweiländereck?

800 Einwohner in einem Ort, wo das Spannendste die Aussicht und das hinter dem Berg liegende Ober-Liebersbach mit Ententeich, Gaststätte Schneeburg und einem Reiterhof ist. Na und?

Die Ortsvorsteherin Susanne Benyr ist eine CDU-Frau, »schwarz wie die Nacht«, wie sie sagt, und mächtig stolz auf Ober-Laudenbach, Stadt Heppenheim. Sie findet zwar nicht, dass man die Situation ändern sollte, aber in Heppenheim auf dem Rathaus komme sie sich immer wieder vor »wie eine Bittstellerin«. Es ist nicht der Eiserne Vorhang, der das Dorf durchzieht, auch nicht der Äquator samt Datumsgrenze, sondern nur die Grenze zwischen den Bundesländern Baden-Württemberg und Hessen. »Nur.« Seit 1990 gibt es einen Heimat- und Geschichtsverein, der sich nicht zuletzt damit befasst, was im Asterix-Band »Der große Graben« ausgiebig abgehandelt wird, die Paradoxa einer Trennung mitten durchs Herz des Alltags. Und alle paar Jahre kommt das Regionalfernsehen, die Ober-Laudenbacher schmeißen sich in historische Schale, und das, was die Fernsehleute an Straßendiskussion eigentlich inszenieren wollen, entwickelt seltsamerweise eine Eigendynamik. Die Debatte ist echt: Soll man mit so einem blödsinnigen Zustand einfach leben?

Grob vereinfacht einigten sich 1803 Baden und Hessen so: Die Höfe sollten hessisch werden, die Straßen aber badisch. Da es über diesen geographischen Fitzel ein 374 Seiten starkes Buch gibt, soll, kann und wird hier nicht auf Einzelheiten eingegangen werden.

Grundsätzlich heißt dies praktisch, dass es in dem Dorf alles formale Leben doppelt gibt, und in der derzeitigen Welt sind Dinge sowieso vermehrfacht, will sagen: Müll, Post und Telefon sind keine Staatsbetriebe mehr. Also kommt die mehrfache Müllabfuhr doppelt, für hessische und baden-württembergische Häuser, dasselbe gilt für die verschiedenen Postfirmen und die Telefonfirmen. So weit der einfache Teil, wie man ihn vom Ansatz her vielleicht auch von Mannheim und Ludwigshafen schon mal gehört hat. Fortsetzung folgt.

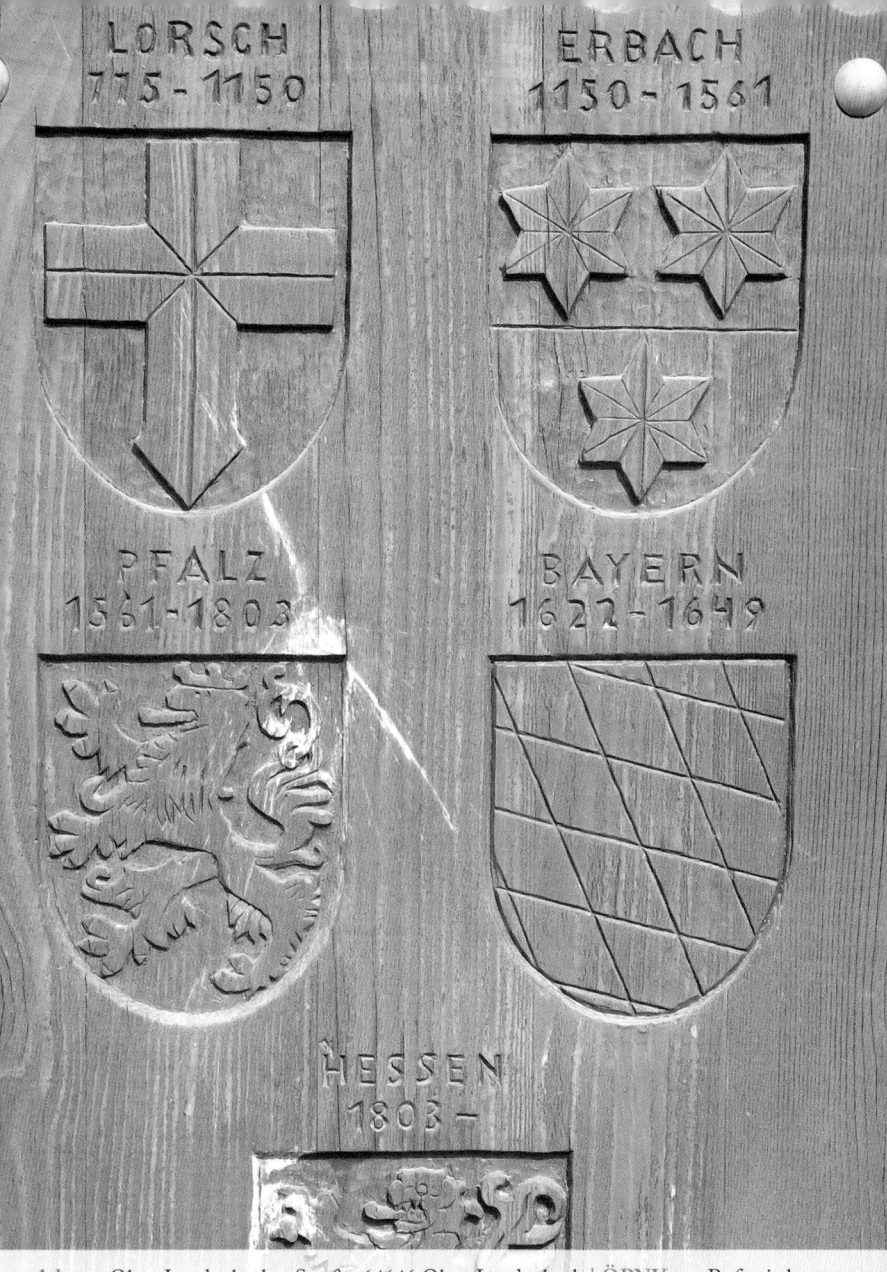

LORSCH
775 – 1150

ERBACH
1150 – 1561

PFALZ
1561 – 1803

BAYERN
1622 – 1649

HESSEN
1803 –

Adresse Ober-Laudenbacher Straße, 64646 Ober-Laudenbach | **ÖPNV** nur Ruftaxi ab Heppenheim Bahnhof | **Pkw** B 3 bis Laudenbach, rechts neben der Martin-Luther-Kirche den Berg hoch | **Tipp** Das Wappentier der Laudenbacher (ohne Ober-!) ist der Frosch, daher sieht man auf einigen Hausdächern welche, einmal sogar eine ganze Froschkapelle, und natürlich am Ortseingang von Hemsbach aus auf dem Kreisel.

89__E Grenzsche

Zweiländergag!

Die Grenze selbst besteht nicht aus Schlagbäumen mit Stacheldraht. Aber was ein deutscher Beamter ist, sollte genauso beachtet werden. Alles, was man beantragt, beantragt man doppelt, man denke an Bauanträge! Dass Ober-Laudenbach eine Exklave ist, na gut. Dass es aber innerhalb der Exklave zwei Exklaven gibt, muss auch der Mann vom Katasteramt verdauen. Also Baden in Hessen in Baden.

Weiterhin: Als der Ort geteilt wurde, standen in der Straße Finstertal nur auf der rechten Straßenseite Häuser, gegenüber war Feld, Wald, Wiese. Die Häuser auf der linken Straßenseite, die später gebaut wurden, kamen unweigerlich zu Hessen. Das heißt heute: Der Nachbar auf der Straßenseite gegenüber wohnt im anderen Bundesland, hat zu anderen Terminen Schulferien, Feiertage, wählt ein anderes Länderparlament, und ganz einfach gelten dort andere Gesetze, denn auch die Steuern fließen ja woandershin! Es gilt der örtliche Bauern-Ausspruch, die Kuh habe in Baden gefressen und in Hessen geschissen. Oder war's umgekehrt?

Großartig waren da Leistungen wie die von 1970, als man es schaffte, dass die Kanalisation von den hessischen Häusern ohne Probleme ins Tal, also den Berg runter ins »normale« Laudenbach, geleitet werden konnte, nach Baden-Württemberg.

Ach ja, die Kirche! In dem Fall die katholische. Hier lernt man die Begriffe Einpfarrung und Auspfarrung. Die Mainzer planten 1829, Ober-Laudenbach aus Hemsbach auszupfarren und nach Heppenheim einzupfarren. Im Briefwechsel mit dem Pfarrer ging es nun darum, wie weit man Tote zur Bestattung trage, ob der Schmuggel begünstigt werde, dies und das und jenes. Der Pfarrer kämpfte wie ein Löwe, aber was war er gegen einen Bischof.

Sichtbar und sehenswert sind die Grenzmarkierungen in der Größe einer Zwei-Euro-Münze. Alle 364 Grenzsteine auf der Straße zu finden füllt spielend einen Abend, an dem mal wieder gar nichts Gescheites in der Glotze kommt.

Adresse Finstertal, 64646 Ober-Laudenbach | **ÖPNV** Nur Ruftaxi ab Heppenheim Bahnhof | **Pkw** B 3 bis Laudenbach, im Ortszentrum rechts neben der Martin-Luther-Kirche den Berg hoch | **Tipp** Mörlenbach-Juhöhe ist ein Pass mit sagenhafter Aussicht, zu Fuß eine halbe Stunde die Ober-Laudenbacher Straße weiter, per Pkw nur über die B 3 Richtung Heppenheim, rechts Richtung Erbach fahren.

90__ Die Burg Wersau
Schipp, schipp, hurra

Bitte nicht mitbringen: Kamera oder Fotohandy. Stattdessen bitte mitbringen: Klappspaten und Taschenlampe. Denn wie Sie sehen, sehen Sie nichts. »Ich suche die Burg Wersau. Wo ist die denn?«, fragte der Autor einen Nachbarn, der einen Acker weiter wohnt, und bekam die launische Antwort: »Viel Glück. Sagen Sie mir Bescheid, wenn Sie sie gefunden haben.«

Völlig entmystifiziert konstatieren die Reilinger auf der Website, in die vielleicht schon mehr Arbeitsstunden investiert wurden als in die Grabearbeiten: »EINST: stattliche Burganlage, Ringmauer und Palas, vier große Türme, Vorburg und Kapelle, Mühle und Schafhof, mehr als 24 Gebäude, Wassergraben, 154 Morgen Ackerland, 30 Morgen Wiesen. – HEUTE: versteckt unter der Grasnarbe, vieles noch nicht erforscht.« Das muss man sacken lassen.

Die Feder führt der, Obacht, »Arbeitskreis Burg Wersau der Freunde Reilinger Geschichte«, deren Kontrahenten bekanntermaßen die Feinde Reilinger Geschichte sind … Das Denkmalschutzamt ermittelte in Sachen Burg und sagte, jawohl, hier unten hat einer ein Denkmal zugebuddelt, und es auszubuddeln ist keine abzulehnende, sondern eine zu genehmigende Idee.

Worin aber liegt der Reiz? Es geht darum, dass Bürger und Heimatforscher sich einfach selbst die Hände dreckig machen. Immerhin gibt es einen »Tag der offenen Wersau«, dabei kennt man nur die gröbsten Daten, das Gründungsdatum liegt im Dunkeln des 11. Jahrhunderts. Schon 100 Jahre *vor* Napoleon waren hier nur noch Trümmer. Man nutzte sie damals zum Bau der Friedhofsmauer. Erst seit 2007 besitzt die Gemeinde das Areal überhaupt. Zu bestaunen gibt es feuchte Wiesen, je nach Geschmack duftende oder stinkende Erde, und so ziemlich alles an einheimischen Kerbtieren und Wurmarten. Im Ernst, dies ist die frischeste Stätte kurpfälzischer Heimatkultur, und ob man nun auf zerstörte Grasnarben steht oder auf eifrige Heimatarchäologen, jeder kommt auf seine ganz speziellen Kosten.

Adresse Burgweg, 68799 Reilingen | **ÖPNV** Bus 717, Haltestelle Reilingen-Rathaus | **Pkw** A 5, Ausfahrt Walldorf-Wiesloch, über die A 6 rüber, links in die Walldorfer Straße | **Öffnungszeiten** Begehung nur nach Absprache, Vereinsvorsitz Tel. 06205/5842 | **Tipp** Das Reilinger Heimatmuseum, Hauptstraße 1, öffnet jeden 1. Sonntag im Monat von 14–17 Uhr. Hier gibt es Exponate wie den Abguss des Schädels des Homo erectus reilingensis von vor 300–400.000 Jahren.

91__Zotzenbach

Ein ganz normales Dorf

Am Kreisel von der B 38 kommend, geht es rechts nach Zotzenbach, bei Einheimischen im Dialekt in etwa »Zotzoboch« ausgesprochen. Streng genommen muss der Kreisel selbst schon als erste Attraktion genannt werden, denn zwischen diversen Orientierungsschildern prangt stolz die Verkündung »Naturschutzgebiet«. Schön ist das, gut ist das. Aber wo? Hinter dem angrenzenden Bahnhof? Den Hügel hinauf, auf der Bundesstraße? Kann alles nicht sein, somit muss es logisch der Kreisel selbst sein, grün ist er und ungemäht, ergo: das kleinste Naturschutzgebiet des westlichen Odenwalds.

Highlight zwei findet sich noch vor der eigentlichen Ortseinfahrt rechts, die inoffizielle Todes-Rennstrecke nach Mengelbach und Kreidach. Inzwischen ist sie an Wochenenden für Motorradfahrer gesperrt, eine Maßnahme, die selbst ein Zotzenbacher Urvieh, Walter Steinmann, gutheißen musste, als er die polizeilichen Unfallstatistiken zu sehen bekam.

Steinmann selbst ist Highlight Nummer drei, denn er verfügt über eine sehenswerte Motorradsammlung, Schwerpunkt: BMW. Er zeigt sie privat, verlangt keinen Eintritt, ist sachkundig und auskunftsfreudig. Grundkenntnisse im örtlichen Dialekt sind Voraussetzung (Tel. 06253/6616). Aber zum größten Highlight des weitgehend sedierten Dörfchens geht es am Sportplatz vorbei (ausgeschildert). Der Fußweg führt den Berg hoch, über die Kuppe, dann muss man einen scharfen Linksknick machen, durch eine kleine Senke. Dann weitet sich der Blick wieder über das Weschnitztal. Hier ist der kaum ausgeschilderte Tierfriedhof. Zu hören sind zirpende Grillen, wiehernde Pferde und allerlei einheimische Vögel. All diese Biester sind jedoch noch am Leben. Begraben sind hier solche mit Namen wie Castor, Strolch, Tara. Manches Grab wird von Plastikvögelchen geschmückt, von Engelfigürchen, aber nicht von christlichen Symbolen. Der Ort ist schlauer gewählt als manche menschliche Begräbnisstätte, denn der Blick ins Weschnitztal ist ergreifend.

Adresse 64668 Rimbach-Zotzenbach | **ÖPNV** Regionalbahn bis Bahnhof Zotzenbach | **Pkw** ab Weinheim Richtung Fürth, B 38 | **Öffnungszeiten** ganzjährig | **Tipp** In Kreidach steht ein stillgelegter Eisenbahntunnel, während gleich nebenan eine Art Touristenbahn gebaut wird.

92 Die Straußenfarm
Federführend

Wie wirkt sich die Erderwärmung auf die Kurpfalz aus? Nun, Stoß-
zahnschnitzfabriken, Nilpferdreitschulen und Gnuhalsbänder sind
noch genauso weit entfernt wie die durchschlagende Afrikanisierung
unseres Klimas. Fast. Denkt man an die südliche Weinstraße, fallen
einem wie immer der Wein, Kirschen, Apfelbäume ein. Aber wer
denkt an südliche Vegetation wie Kiwi, Zitronen, Feigen – und wer
denkt an Strauße?

Der gewaltige Parkplatz vor der Straußenfarm »Mhou« – der
Name stammt aus der Bantusprache, bedeutet »Hahn« – lässt Mas-
senandrang befürchten, aber zum Glück ist das Gelände mit 15 Hektar wirklich groß. Die erste Falle gleich am Eingang schnappt zu: der
Laden. Handtaschen, Schuhe, Geldbörsen aus Straußenleder, Staub-
wedel aus Straußenfedern, aber auch die afrikanische Fettcreme aus
Straußenfett, Kudufleisch, Dekoartikel, Straußeneilampe, Kochbuch,
alles zu afrikanisch lullender Musik. Das Mobiliar ist aus Holz, die
Beleuchtung leicht schummrig. Die aktionsgetriebene Besitzerin
Uschi Braun, ehemals Radiojournalistin, leicht verschwitzt, aber pro-
fessionell freundlich und vor allem von berechtigter Selbstsicherheit
und Kompetenz durchsetzt, hat mit ihrem Partner schon 1993 in
Rheinmünster mit der Straußenzucht angefangen, inspiriert durch
einen Radiobericht. Zurzeit versorgt sie 80 Zuchttiere zum Eierle-
gen, und das tun sie immerhin 40 Jahre lang! Kein Förderband, keine Mast, und doch finanziert sich die Farm über die Produkte und
Eintrittsgelder. In Reichweite hat sich sogar eine Bruchsaler Tierärztin auf Strauße spezialisiert.

Wer die Farm besucht, darf sich vielleicht auf ein rohes Ei stellen,
erfährt, dass schon Hagenbeck eine Straußenfarm gründete, dass nur
noch ein Prozent der Tiere auf der Welt in der Wildnis lebt, aber vor
allem, dass der Strauß noch während der letzten Eiszeit in Mitteleuropa heimisch war.

Genau, in der Eiszeit!

Adresse Am See, 76761 Rülzheim | **ÖPNV** S52 bis Bahnhof Rülzheim, 20 Minuten Fuß-weg | **Pkw** B 9, Richtung Herxheimweyher, am Bahnhof vorbei, dann links in »Am Moby Dick«, dann »Am See« | **Öffnungszeiten** täglich 10–18 Uhr, Führungen Sa, So 11 und 14 Uhr | **Tipp** Das Dieterskirchel an der Rheinzaberner Straße in ebenjener Richtung gedenkt des katholischen Heiligen Theodard, der hier im 6. Jahrhundert zu Tode gefoltert worden sein soll. Weil Baden pleite war, wurde die Kapelle 1825 abgerissen, der sonderbare Neubau ist von 1957. Nur zu Wallfahrtstagen geöffnet und einmal monatlich zu Gottes-diensten. Auskunft: Tel. 07272/3893.

93__ Die Dünen

Keine Kameltouren

Es kann kaum weniger Überraschendes geben als die Mitteilung, dass es in Sandhausen sowohl Sand als auch Hausen, also Häuser, gibt. Dass es in der Kurpfalz einigen Sand gibt, merkt man an der Qualität des Lampertheimer und Schwetzinger Spargels, an der Existenz der Heidelberger Zementfabrik, die es ohne Sand nicht gäbe, und schließlich am Fund des Urmenschenknochens in Mauer in einer Bausandgrube. Sande gut, alles gut. Aber unter Naturschutz steht in Sandhausen nicht der Sand. Sondern die Dünen. Die … Dünen?

Düne, das heißt, trocken bis zum Horizont, das heißt, Kamele rutschen mit dem Sand weg. Das bedeutet, dass Jeeps stecken bleiben und dass selbst erfahrene Rallyepiloten Bretter, Äste oder ihre Jacken unterlegen, um nicht beim vorsichtigen Herausfahren tiefer zu sinken. Denkt man. Rein technisch ist es simpel: Da es kalt war, gab es wenige Bäume. In dieser Tundra-Landschaft konnte der Wind recht frei wehen, und allerlei Kleingestein blieb liegen. So entstanden die Sandhauser Binnendünen, die sich zur Würmeiszeit formten, vor einigen tausend Jahren. Andernorts wurde der Sand allerdings durch den Neckar angeschwemmt.

Die Landschaft ist Tummelplatz für Zypressen-Wolfsmilch, Dünen-Sandlaufkäfer und Blauflügelige Ödlandschrecken. Hurra. Mit anderen Worten, Sandhausen ist ein Tummelplatz für alle möglichen bunten Arten von Naturschützern und für ehrgeizige Lehrer, die mit ihren Schülern zum Beispiel Akazien ausreißen, die die Dünen zerstören. Im eingezäunten Bereich wachsen sogar Pflanzen, die man eigentlich nur aus der russischen Tundra kennt. Die Erklärung dafür: An den Hufen der Pferde napoleonischer Soldaten, die den Russlandfeldzug überlebt hatten, klebten allerlei Samen, und die fühlen sich hier wohl. Genauso wie die Nachbarn, die wiederum ganz andere Geschichten zu erzählen haben, zum Beispiel wie ihnen beim Hausbau in den 1960ern über Nacht die Fundamente wegkrachten, weil sie nicht wussten, dass sie wortwörtlich auf Sand gebaut hatten.

Adresse Seegasse/Am Forst, 69207 Sandhausen | **ÖPNV** Bus 720, Haltestelle Alter Post-weg, oder S3 nach St. Ilgen, Bus 725, Haltestelle Schillerstraße | **Pkw** B 3 in nördlicher Richtung links abfahren | **Tipp** Reste der Burg Lochheim aus dem 12. Jahrhundert hat man im Nordosten Sandhausens gefunden, westlich davon findet sich eine weitere Düne an der Lochheimer Straße.

94 Das Ringermuseum

Schultersieg

Mit lokalen Sporthelden ist es eine komplizierte Sache: Waldhof bleibt der Waldhof, fast egal in welcher Liga, für den MERC/die Adler gilt Ähnliches. Bei Einzelpersonen liegen die Dinge anders, junge Menschen kennen Boris Becker als Pokerspieler, Steffi Graf als Frau, die für Nudeln und Teebeutel wirbt, und Wilfried Dietrich kennen sie gar nicht. Vielleicht liegt es daran, dass in der Ringerhochburg Schifferstadt inzwischen die Frauen die Männer überholt haben. Vielleicht liegt es daran, dass man Alexander Leipold in Sydney seine Goldmedaille wieder aberkannte wegen angeblichen Dopings, die Korrektur dieses Fehlers und Wiederzuerkennung 2010 schlitterte jedoch an der Weltöffentlichkeit vorbei. Aber Doping gab es, vor allem in der UdSSR, der DDR und in Bulgarien, schätzt Jürgen Fouquet die Lage ein. Und Jürgen Fouquet ist der 1. Vorsitzende des – Luft holen – »Vereins zur Pflege der Kultur des Ringersports e.V. Schifferstadt«. Und er ist der Ansprechpartner in allen Belangen des 1. deutschen Ringermuseums, denn er ist auch der Motor, Spender und, ach, de Babba vun dem Lade.

Ringerhauptstadt ist nicht ganz das Gleiche wie Kulturhauptstadt, aber immerhin besser als die Schifferstadter Zweitqualifikation als deutsche Rettichhauptstadt. Siehe Skulptur vor dem Rathaus.

Kurz die Zahlen: Von 60.000 Ringer-Memorabilia sind nur etwa zwei Prozent ausgestellt. Im Mai 2010 wurde es eröffnet, auch wenn der Museumsverband von der Sache nichts wissen wollte. Sieben Ringervereine gibt es in Ludwigshafen, und es war eben immer ein Arbeitersport, daher wundert es wenig, dass in den 1960ern immer mehr Türken dazukamen. Aber *die* Legende ist und bleibt der 30-malige Deutsche Meister Wilfried Dietrich. Der Hundert-Kilo-Mann besiegte bei Olympia 1972 in München den damals schwersten Kontrahenten, den Amerikaner Chris Taylor, auf die scheinbar einzig mögliche Art: Er warf seinen Zweihundert-Kilo-Gegner über die Schulter. Eine einfache Pfälzer Lösung eines schweren Problems.

Adresse Bäckergasse 2, 67105 Schifferstadt | **ÖPNV** S1, S2, S3, S4, Regionalexpress, Halte-stelle Schifferstadt, 15 Minuten Fußweg | **Pkw** A 61, Anschlussstelle Schifferstadt, Dürk-heimer Straße rechts, Kirchenstraße links, Marktplatz rechts | **Öffnungszeiten** 1. und 3. So im Monat 10–12 Uhr und nach Absprache, Informationen unter Tel. 06235/98748 | **Tipp** Auf dem Waldfriedhof findet sich das Grab des »Kran von Schifferstadt«, Herzog-Otto-Straße.

95 — Die Rote Moschee

Ehemaliger Jazzclub

Moslemische Geschäftsleute, die ihren Glauben praktizieren, richten ihre Terminplanung möglichst so ein, dass sie sich zum wichtigsten Gebet der Woche, zum Freitagsgebet, in der Nähe der Autobahnkreuze Walldorf oder Heidelberg aufhalten. Ihr Ziel ist die Schwetzinger Moschee in der Scheffelstraße. Die ist kein Welterbe, auch kein kommendes.

Der türkische Staat unterstützt die islamische Vereinigung Ditib in Köln, die Ditib unterstützt die Islamische Vereinigung in Schwetzingen, dieser e.V. mit Sitz in der Scheffelstraße 14 unterstützt die Bewerbung der Schwetzinger für die Anerkennung als Welterbe, also inklusive der Roten Moschee. Aber erst jetzt wird es richtig kompliziert: Geplant war die Rote Moschee nie als Moschee, sie sollte von Anfang an nur so aussehen, damit der Kurfürst seine religiöse Toleranz zeigen konnte. Genutzt wurde sie dennoch als Moschee, zum einen von maghrebinischen Gefangenen nach dem Krieg 1870/71, zum anderen in den 1980er Jahren. Von 1986 bis 1990 nutzten örtliche Moslems das kitschig wirkende Gebetshaus zu den drei hohen Anlässen Zuckerfest, Opferfest und Ramadan als Provisorium. Es folgten 17 Jahre Bauarbeiten bis 2007, und inzwischen hatte der Verein längst einer pleitegegangenen Baufirma in der Scheffelstraße die Räume abgekauft.

Einerseits erfüllt die Rote Moschee entgegen anderer Gerüchte die moslemischen Minimalkriterien, die lauten: Minarette sind da, eine Kuppel ist da. Damit kann losgebetet werden, sobald die Räume von einem Imam geweiht wurden. Dennoch möchte der Verein für seine maximal 500 Betenden das alte deutsche Bauwerk nicht nutzen. Was derzeit vor Ort noch fehlt, ist eine Informationstafel über den Islam, auch den in der Kurpfalz. Bislang bekommt man das Wie und Warum nur in der Scheffelstraße. Aber immerhin kann man die Rote Moschee, die älteste Deutschlands, ansehen, hineingehen und fotografieren, und das ist ja auch was.

Adresse Am Schloss, im Schlosspark hinten links, Scheffelstraße, 68723 Schwetzingen | **ÖPNV** Bus 710, 715, Haltestelle Schloss, Schwetzingen | **Pkw** A 6, Ausfahrt Schwetzingen, Schildern folgen | **Öffnungszeiten** Sommer 8–20 Uhr, Winter 9–16.30 Uhr | **Tipp** Der graue Merkurtempel im Schlosspark ist eine geplante Ruine, um ein Gegenstück zur hellen, prächtigen Moschee darzustellen.

96__Das Hopp-Elternhaus
Der Mann, der eine Region veränderte

Im »Bistro Memo Kebap Haus« kostet der Tee 1,50, die Pizza Margherita 4 Euro, und das Angucken der Zeitungsausschnitte ist gratis. Der Chef Mehmet gibt sich einerseits leutselig, andererseits ist ihm anzumerken, dass er sich etwas mehr Unterstützung der TSGler versprochen hatte, als der Verein in die Erste Liga aufstieg. Allerdings dürfte er der Einzige sein, der nicht ganz zufrieden ist.

In diesem Haus wurde Dietmar Hopp geboren, und hier verbrachte er seine ersten Lebensjahre. Und für Fußballverweigerer sei dazugesagt: Ja, das ist *der* Hopp. Von Beruf Ingenieur, Unternehmer, Sportsponsor, Stifter, aber er ist noch etwas ganz anderes. Dietmar Hopp ist ein Kurpfälzer und Kraichgauer Lokalpatriot, nicht ganz unwichtig, wenn vom reichsten Mann dieser Gegend aller Zeiten die Rede ist.

Wie Tintenkleckse, die auf die Landkarte tropfen, zieht sich die Hopp-Spur durch die Region. Den kleinen Club FC Walldorf rettete er vor dem Konkurs. Im nahen Zuzenhausen wendete er den Konkurs des örtlichen FC ab. Die Jugendarbeit des SV Waldhof Mannheim unterstützte er mit drei Millionen. Ferner steckte er Geld in den Golfernachwuchs in St. Leon-Rot. Die Eishockey-Größen Adler Mannheim unterstützte er. Die Sportarena im Mühlfeld baute er und verfügte, dass sie nach 30 Jahren an die Stadt fällt. Den Handballclub Rhein-Neckar-Löwen pushte Hopp. Bis zur Jugendabteilung des FV Lauda in einer unteren Liga floss sein Geld. Ach ja, ein Bundesligastadion baute er auch.

Der Mann ist immer noch Unternehmer, hat aber in den abgelaufenen nuller Jahren in erster Linie vor allem Geld verschenkt. Regional verschenkt. Hopp – und sein Sohn Daniel, der sich um die Jungadler Mannheim kümmert – hat die Region vielleicht gründlicher verändert als die in den Himmel gehobenen Kurfürsten. Versuchen Sie einmal, einem US-Bewohner in einer der noch zahlreich vorhandenen regionalen Kasernen zu erklären, weshalb Dietmar Hopp bei vielen Menschen so verhasst ist!

Adresse Eschelbacher Straße 3, 74889 Sinsheim-Hoffenheim | **ÖPNV** Deutsche Bahn, Bahnhof Sinsheim | **Pkw** B 45, Richtung Sinsheim, oder A 6, Ausfahrt Sinsheim, dann Richtung Waibstadt | **Tipp** Das Stadion am Ortsausgang Richtung Zuzenhausen ist weiterhin in Betrieb, was aufgrund der Prominenz der neuen Arena gern vergessen wird.

97__Der Bürgerhospitalwald
Endlich Gesetze!?

Speyer ist voller Bäume und niemand sieht den Wald. Speyer hat ein Welterbe. Und Speyer hat ein Erbe. In der ganzen Gegend wurden jahrhundertelang Wälder gerodet, um Obst, Gemüse und Wein anzubauen. Doch Speyer hat Glück gehabt, die Stadt liegt zwischen zwei Wäldern, dem Auenwald und dem Bürgerhospitalwald. Dem … was?

Es war einmal … eine Zeit im 13. Jahrhundert, als viele Speyerer Bürger keine AOK-Mitglieder waren, denn es gab sie noch nicht. Jemand hatte die Idee, die kranken Pfälzer sollten die Rechnungen für das Spital mit Naturalien bezahlen, und selten ist dies wörtlicher zu nehmen. Nach und nach flossen Grundstücke in die Stiftung ein, bis er fertig war, der Bürgerhospitalwald.

Schöne Geschichte, aber kein Happy End. Denn damals gab es keine Förster. Der Pfälzer an sich nutzte den Wald nach Gutdünken, fällte Bäume, schoss Wild, »gleich wie es ihm gefällt«. Im Jahr 1442 machte der Speyerer Fürstbischof Schluss mit dem Chaos und erließ eine Ordnung für den Forst, eine »Forstordnung«, die erste in Deutschland überhaupt.

Heute ist der Revierförster Uwe Fehr froh über »seinen« Speyerer Wald. Hier finden sich nur einheimische Bäume, wodurch wiederum Lebensraum und Nahrungsquellen für einheimische Tierarten vorhanden sind, die sich auch prächtig entfalten, Wolf und Bär mal ausgenommen. Hier dürfen keine Pflanzenschutzmittel eingesetzt werden, und totes Holz bleibt liegen, wo es ist. Eine Gefahr für den Speyerer Wald besteht im Müll, der jeden März per Großaktion von Schülern und Vereinen entsorgt wird. Zudem herrschte in den letzten Jahren immer wieder größte Waldbrandgefahr durch lange Trockenperioden.

Neben vielen Wanderwegen bietet der Speyerer Wald einen Kletterwald, einen Lehrpfad und einen echten Oldie, den Trimm-dich-Pfad.

Adresse Forsthaus (mit Brennholzverkauf im Herbst), 1. Richtweg, 67346 Speyer | **ÖPNV** zum Bürgerhospitalwald S-Bahn, Haltestelle Speyer Nord-West | **Pkw** B 9 bis Speyer-West, dann Richtung Böhl-Iggelheim | **Tipp** Das Gasthaus Waldeslust direkt an der Straße nach Böhl-Iggelheim bietet wie zu erwarten gutbürgerliche Küche.

98__ Der Wilhelmsbau

Das Museenmuseum

Allein die Gebäudegeschichte des Museums ist Grund genug, es zu besuchen. Der Wilhelmsbau entstand 1913 in Lille, Frankreich. 1915 bauten ihn die Deutschen ab und in Speyer wieder auf. Nach dem Ersten Weltkrieg nutzten ihn an Ort und Stelle französische Besatzertruppen, ab 1930 wieder die Deutschen, teilweise als Flugzeugwerkstatt, nach 1945 wurde er eine französische Panzerhalle und Kaserne – bis 1984.

Space Shuttle, Lokomotiven und eine Boeing sind so viel Spektakel, dass Werbung fast überflüssig ist. Die großartigste Blüte auf dem Gelände findet man aber vergleichsweise im Verborgenen. In platte Kategorien aufgeteilt ist das Auto- und Technikmuseum der Herrentrakt, der Wilhelmsbau stellt den Damensalon dar.

Der Wilhelmsbau braucht sich mit Spieldosen, Flöteninstrumenten, Plattenautomaten, Waffen, Spielzeugeisenbahnen, Puppen, historischer Kleidung, 1950er-Jahre-Einrichtung und Styling, Uniformen, Waffen, Original-Requisiten aus der TV-Soap Lindenstraße vor der Herrenabteilung nicht zu verstecken. Im obersten Stock ist die Sammlung der Eheleute Winkler untergebracht. Ein kleiner Schauraum zeigt nicht einfach ein paar Ritterrüstungen, sondern eine Schaufensterpuppe, die auf dem Scheiterhaufen verbrannt wird. Ein anderer Raum präsentiert Kriegsmemorabilien, darunter ein original Brieftauben-Transport-Rucksack. Im Jagdzimmer zeigen die Ausstellungsmacher adlerförmig geschnitzte Holzstühle, eine zusammengeknotete, tragefertige, echte ausgestopfte Gemse, ein Affenfell mit Gummi-Karnevalsmaske als Gesicht, Hände und Füße sind aus Kautschuk. Unter die Saaldecke hängte man einfach mal kommentarlos einen Elefantenstoßzahn. Es ist geschmacklos, es ist uferlos und wunderbar sinnlos. Man sollte sich im Wilhelmsbau von vornherein einige Bereiche aussuchen, sonst ertrinkt man in den Themen. Und am besten nicht mit dem Technikmuseum kombinieren, auch wenn die Eintrittskarte für beide Museen gilt, es ist einfach zu viel. Aber sehenswert!

Adresse Am Technikmuseum 1, 67346 Speyer | **ÖPNV** ab Speyer Hauptbahnhof Bus 565, Haltestelle Technik-Museum | **Pkw** Schildern »Museum« folgen | **Öffnungszeiten** Mo–Fr 9–18 Uhr, Sa, So 9–19 Uhr | **Tipp** Unter den großen »Stars« Wormser Dom und Heidelberger Schloss strahlt der Speyerer Dom am hellsten.

99_ Der Eierautomat
Lachende Hühner

Im kleinsten Mannheimer Fliegendreck auf der Landkarte namens Straßenheim gibt es mit Ach und Krach einen Turm zu sehen und den Garten eines Architekturbüros mit seltsamem Kram, eine Tierarztpraxis und viel Gegend außenrum. Wenn die Straßenheimer aber des Abends Heißhunger auf Omeletts verspüren, auf Rühreier, pochierte oder gar Eier mit Schwartenmagen und Honig, dann treibt es sie zur Stadt hinaus. Vielleicht, weil es in ihrem Örtchen keinen einzigen Laden gibt, vielleicht aber auch, weil sie den Duft von Viernheim verspüren. Natürlich wissen sie, dass sie im Einkaufspopanz Rhein-Neckar-Zentrum nach acht Uhr abends vor verschlossenen Automatiktüren stehen, erbarmungslos in Kälte und Wind. Drum lenken sie ihre Schritte – oder Räder – gleich zum nächstbesten Eierautomaten.

Der Hofhund ist ein freundlicher Allwettermischling und verscheucht die Kunden nicht, die lange Leine zieht er nur hinter sich her, damit die im Freigehege weit auslaufenden Hühner nicht allzu weit auslaufen. Obacht: Wenn Sie die Autotür offen stehen lassen, könnte es sich die Hofkatze auf dem Rücksitz bequem machen.

Der Eierautomat funktioniert so, dass man Münzen hineinwirft, je nachdem, was man kaufen möchte, zum Beispiel Eier, er gibt aber auch Wechselgeld! Dann wählt man das entsprechende Fach und entnimmt die tagesfrische Ware. Die Preispolitik von Bauer und Eierautomatenbetreiber Günter Wolk muss als kundenfreundlich bezeichnet werden, die Hühner machen einen rundum glücklichen Eindruck, und der Autor dieses Buches hat sich von dem ordnungsgemäßen Zustand der Hühnerprodukte mit zwei Buchstaben persönlich überzeugt. Die Warenpalette reicht bis hin zu Zwiebeln, Kartoffeln und anderen Feldfrüchten.

Der normale Hofladen ist darüber hinaus dienstags geschlossen, sonst aber von Montag bis Samstag vormittags geöffnet, immer so bis zur Mittagszeit, und bietet das Saisonale, was halt gerade wächst.

Adresse Am Straßenheimerweg 7, 68519 Viernheim | **ÖPNV** genau zwischen Heddes-
heim und Vogelstang im ÖPNV-Loch | **Pkw** ab Mannheim-Vogelstang ausgeschildert,
Spreewaldallee, dann Richtung Straßenheim | **Öffnungszeiten** 7–22 Uhr | **Tipp** Neben
Heddesheim liegen die letzten Tabakfelder des ehemals größten deutschen Tabakanbaus.

100__ Der Plastikfelsen
Kuschel-Rock

Der größte Plastikfelsen der Kurpfalz steht im Rhein-Neckar-Zentrum in Viernheim. Er ist durch die Scheiben von außen von der Autobahn aus zu sehen, wird von innen von Minderjährigen beklettert und dient dem Zweck, dass Menschen mit Geldmitteln in Erwägung ziehen, hier einzukaufen. Das größte und älteste Einkaufszentrum der Kurpfalz wurde acht Jahre nach seinem Vorläufer, dem Main-Taunus-Zentrum bei Frankfurt, gegründet. Allein die Viernheimer Schreibweise, Zentrum mit Z, verrät ein gewisses Alter. An einem normalen Tag betreten 30.000 Menschen das Gebäude mit 110 Läden, in dem 23 Grad Celsius herrschen.

Der RNZ-Feiertag aber sieht anders aus. Man empfängt die Heiligen Drei Könige in Baden-Württemberg, nicht aber in Rheinland-Pfalz und Hessen. (Außerdem gibt es nur noch Allerheiligen in Ba-Wü als Sonderfall.) Dann werden Vorratskammern gefüllt, Ehekräche ausgetragen und Geschenkgutscheine eingelöst. Die 3.800 Parkplätze werden knapp, und wenn man an normalen Tagen von einem Einzugsgebiet von 300.000 potentiellen Kunden ausgeht, die maximal eine Viertelstunde Anfahrt haben, so wankt an einem Shoppingfeiertag das Erdreich. Das RNZ wird zur Wallfahrtsstätte, zum Tempel des unter Blut, Schweiß und Tränen verdienten heiligen Euro, und ebendies symbolisiert der Plastikfelsen.

An normalen sechs Tagen die Woche ist hier von halb zehn bis acht Uhr abends geöffnet, also an 63 Stunden die Woche, ergo an fast 3.300 Stunden im Jahr kann man hier sein Baby wickeln, einen Regenschirm leihen und ein Fundbüro aufsuchen. Ungewöhnliche Geschäfte findet man hier nicht, dafür aber sehr, sehr viele normale im Trockenen und Warmen. Das größte von ihnen ist Karstadt. 672 Menschen auf Facebook gefällt das.

Dass die neue Rhein-Galerie in Ludwigshafen mit mehr Läden auf nur halb so viel Fläche eine Konkurrenz darstellt, würde zumindest der Betreiber verneinen. Es ist derselbe.

Adresse Robert-Schumann-Straße 8a, 68519 Viernheim | **ÖPNV** Straßenbahn 5, Halte-
stelle Tivoli/Rhein-Neckar-Zentrum | **Pkw** A 659, Ausfahrt Rhein-Neckar-Zentrum |
Öffnungszeiten Mo–Sa 9.30–20 Uhr | **Tipp** Dem Blues in der Viernheimer Fußgänger-
zone entflieht man in der Stadtbibliothek in der Wasserstraße, die in allerdings leicht über-
sanierten alten Tabakhäusern aus dem 19. Jahrhundert untergebracht ist.

101 Der Myriameterstein

Geradeaus

Im vorletzten Jahrhundert bestellten Beamte einen beschrifteten Stein, und da steht er nun.

Wir dürfen nicht vergessen, dass bis zur Neuzeit nicht die schwedische Armee die größte Bedrohung für die Rheinanlieger darstellte, sondern der Rhein.

Als ein badischer Beamter, der Ingenieur Johann Gottfried Tulla, veranlasste, dem Rhein seine Ecken und Kanten zu nehmen, seine Kurven glatt zu schleifen und seine Ufer einzumauern, hatten Kollegen von ihm den Einfall, man könnte am Ufer regelmäßig Steine aufstellen. Nicht alle Kilometer, das wäre wohl zu teuer gekommen, alle 10.000 Meter sollte reichen. Also nicht »Kilo« für altgriechisch »tausend«, sondern »Myria« für »zehntausend« musste her. Der Myriameterstein. Ein Wort, das man in keiner anderen Sprache findet.

Wegen der Altrheinarme klingt die Anfahrt von Ludwigshafen aus etwas kompliziert, vor Ort geht es aber. Das Kieswerk links liegen lassen. Parken kann man gleich rechts daneben. Vom Parkplätzchen aus geht es ins Gelände, und wieder muss man das Kieswerk links liegen lassen. Das Gewässer trägt den Namen Bannweide, an dem man nun entlanggeht, aber keine Sorge, der Name steht nirgends geschrieben, und außer den Anglern, Kieswerkern und Gewässerschutzbeauftragten kennt ihn auch niemand. Den Campingplatz lassen Sie rechts liegen, Camping Reffenthal, von wo aus man auch zum Otterstädter Weiher, einem gebogenen Altrheinarm, kommt.

Der Myriameterstein steht bei Kilometer 406,5, ist ein wenig von Gras umstanden, und seine Schrift ist nur schwer zu entziffern: »… von der Landesgrenze«. Auf der anderen Seite des Zuflusses zur Bannweide, oben auf der Erhöhung am Rhein, steht eine offene Hütte, der Rentnertreff Otterstadt, den man unumwunden offiziell »Rentnertreff Otterstadt« getauft hat. Grillen ist erlaubt!

Adresse Kollerstraße, 67166 Waldsee-Otterstadt | ÖPNV Bus 572, Haltestelle Otterstadt, Mitte, dann 30 Minuten Fußweg | Pkw B 9, Richtung Waldsee, Otterstadt, am Kieswerk parken | Tipp Mitten im Naherholungsgebiet Adria liegt die Gaststätte »Oase« mit beständig wachsendem Kinderspielplatz. Von Waldsee Richtung Altrip aus rechts um den Baggerweiher herum bis zum Ende der Straße.

102___Der Exotenwald

Groß und auch oho

Schlosspark und Exotenwald liegen gleich nebeneinander und dürfen deswegen heute als Einheit gesehen werden, auch wenn sie so nicht geplant waren.

Der Park ist sauber, gratis und schön. Natürlich wird hier nicht gegrillt. Die Attraktion sind wirklich die Pflanzen, das muss man in diesem Fall mal betonen.

Ein großer Mammutbaum steht schon mal hie und da in bundesdeutschen Parks, dieses Exemplar hier macht dennoch einen besonders pompösen Eindruck. Es ist nicht in Metern oder in Jahreszahlen zu fassen, doch, 200 Jahre ist ein beeindruckendes Alter – genauso wie der Ginkgo mit seinen 170 Jahren. Aber das ist es nicht. Unter seinem Blattwerk trägt dieser Mammut etwas, das wie eine Gehhilfe, ein Rollator, wirkt, ein alter Knabe eben: Es ist ein Blitzableiter. Wenn man um den Baum herumgeht, sieht man einen zweiten. Schlagartig entsteht das klare Bild, dass Mammutbäume nicht gerade zu den einheimischen Sorten zählen. Dies hier ist ein Exilbaum.

Dasselbe gilt für den Schlosspark neben dem ehemaligen Schloss, dem heutigen Rathaus. Der Baum hier fällt nicht sofort auf, weil man unbewusst annimmt, unter mehreren Bäumen zu gehen. Erst der Blick nach oben macht klar, dass die »kleine Parkanlage« aus einem einzigen Baum besteht!

Es ist eine Libanonzeder, und der Durchmesser von Astende zu Astende beträgt 37 Schritte, offizielle Messungen ergaben 27 Meter. Der Stamm ist mit seinen fünf Metern Umfang vergleichsweise bescheiden.

Wann der Dicke gepflanzt wurde? In kurpfälzischen Maßstäben in biblischer Vorzeit: Als Heidelberg entthront und stattdessen Mannheim Residenzstadt wurde, im Jahr 1720. Es wird der seltene Fall eintreten, dass man den 300. Geburtstag eines Lebenden feiert. Den der ältesten Zeder Deutschlands.

Adresse Hauptstraße, 69469 Weinheim | **ÖPNV** Bahnhof Weinheim, 15 Minuten Fußweg | **Pkw** Richtung Schloss den Schildern folgen, Institutstraße oder Seitenstraßen parken | **Öffnungszeiten** immer | **Tipp** Die Grabplatten an der Schlossmauer aus dem 16. Jahrhundert übersieht man allzu leicht, vereinzeln kann man die Inschriften noch entziffern.

103— Die Hildebrand'sche Mühle

Ruinentraum

Hollywood, wo bleibst du? Ja, Mauern können Geschichten erzählen, aber auch flüstern, schreien, heulen und sich kaputtlachen. Die Hildebrand'sche Mühle guckt auf rund 500 Jahre davon zurück, oder 1.000 Jahre oder 2.000 Jahre – die Gelehrten kabbeln sich. Sie bekam zahlreiche Namen (Lohmühle, Seitzmühle, Weschnitzmühle, Untere Mühle und andere), wurde immer wieder verkauft, umgebaut, umgenutzt und erneuert, denkmalgeschützt und doch halb abgerissen.

Die heute noch namensgebenden Brüder Hildebrand betrieben um 1890 die erste vollautomatische Großmühle der Welt, das Ganze im Schichtbetrieb, sodass jede Woche 10.000 Sack Getreide, teilweise aus den USA und Russland, gemahlen wurden. Den Blickfang, den Turmsilo, bauten sie 1896. 40 Meter hoch und innen mit so viel Holzbau ausgestattet, dass man für die Konstruktion drei Eisenbahnwaggons voller Nägel brauchte. Doch schon 1921 war die Mühle unrentabel und leer, die Konkurrenz aus Mannheim war zu groß. 1939 wurde in der Hildebrand'schen Mühle Holzmehl hergestellt, im Folgejahr beschlagnahmte der Nazistaat den Silo als Getreidespeicher. Nach dem Krieg mietete die Firma Rhenania Lagerraum an, bis 1982. Das Sterben, aber auch die Posse begannen. Zerfall, Denkmalschutz, Gefahr, Baupläne, die abgelehnt werden. Die Bad Homburger Firma Ansin, Heide & Knapp ist seit 1989 die neue Eignerin. Der Stadtrat lehnte ab, daneben ein Hochhaus mit 14 Etagen zu bauen. Ein anderer Entwurf, Wohnungen am Hang den Berg hoch, wurde nicht realisiert. Der Rest ist Legende. Zum Beispiel das Bordell, dessen Bebauungsplan angeblich so zusammengeschludert war, dass darauf nicht erkennbar war, *was* gebaut werden sollte. Ergo wurde es nicht gebaut. Nur eines war klar, der Siloturm sollte Blickfang sein.

Heute hat sich die Natur die Hildebrand'sche Mühle zurückgeholt. Die schönste und spannendste Ruine der gesamten Kurpfalz.

Adresse Dietersklingenweg, 69469 Weinheim | **ÖPNV** Bahnhof Weinheim, dann 1 Kilometer Fußweg | **Pkw** B 38, Birkenauer Talstraße, in Grundelbacher Straße parken, zu Fuß gehen | **Öffnungszeiten** immer oder nie, das ist Ansichtssache | **Tipp** Die Fuchs'sche Mühle dahinter bietet gehobene Gastronomie.

104__Die Römerbrücke

Nicht an einem Tag erbaut

Dieses Weinheim ist eigentlich nicht Weinheim. Gehen Sie nicht den Berg hoch, fotografieren Sie nicht die zwei Burgen, räsonieren Sie nicht, ob die Cafés und Restaurants am Marktplatz schon wieder oder immer noch in Mafiahand sind.

Der Weg führt in die Gegenrichtung, zur Rheinebene hin. In Weinheim geht von der Mannheimer Straße die Wormser ab, an der Kfz-Zulassungsstelle vorbei über die B 3, dann über das letzte Stück B 38 an der Pferdeklinik entlang über die Äcker. Nun überquert die Straße die A 5. Bald kommt ein Schild, das rechts Richtung Hundesportplatz weist, dann an der Kläranlage vorbei und am Segelflugplatz bis zur sogenannten Altau. Der Bewässerungskanal links wird mit klassischen Handschleusen betrieben. Seltsam: Wenn man es nicht weiß, würde man dann stutzig? Aber links ist sie. Die Römerbrücke von Weinheim. Popelig klein, die graue Maus unter den Denkmälern.

Natürlich steht auch hier längst ein Schild, das besagt: Guck, alt! Jahrelang war diese Brücke in Benutzung, ohne dass sich jemand – einer der Bauern etwa – Gedanken gemacht hätte, ob diese paar Steine nun vielleicht historisch sind oder nicht. Die Lage zwischen den Autobahnen A 5 und A 6 schützt eben vor neugierigen Touristen und Denkmalschützern. Der Weg ist so von Weinheim aus zweifelsfrei nicht intuitiv findbar.

Die Straße weiter heißt Weid, und direkt hinter der Brücke der Alten Weschnitz stehen die Bauern zum Plausch und beäugen Fremde so, wie sie es verdient haben. Wenn man sich ihnen vorsichtig nähert, beißen sie jedoch nicht und erzählen einem auch gern etwas zu dem Storchennest, unter dem sie stehen, als wären sie bei der Vorbereitung einer Außenwette von »Wetten, dass..?«. Hier gibt es keinen Eisstand und keinen Audioguide, nur eine Brücke aus dem 17. Jahrhundert inmitten römischer Feldwege und eine 200 Jahre alte Stieleiche daneben. Ein seltsamer Ort.

Adresse Ward, 69469 Weinheim | ÖPNV Bus 602, Haltestelle Lampertheim-Hüttenfeld, dann die Alte Weschnitz entlang, 45 Minuten Fußweg | Pkw in Weinheim Wormser Straße, an Hundeschule vorbei, am Segelflugplatz vorbei | Tipp Das kaum bekannte Schloss Renn-hof aus dem 19. Jahrhundert in Hüttenfeld, Lorscher Straße 1, beherbergt heute eine litau-ische Schule (!), ist insofern nicht im touristischen Rahmen zu besichtigen.

WEINHEIM

105 Der Saukopf
Lichtschein überm Tunnel

Gab es ein Leben vor dem Tunnel? Undenkbar. Jahrzehntelang gab es Streitereien mit dem Umweltschutz, und kurz vor dem Millennium wurde das Jahrhundertwerk tatsächlich fertiggestellt. Perfide klingt die Lösung, dass Hessen das Werk baute und Baden-Württemberg das Werk wartet. Ersteres ist beendet, letzteres wird wohl nie aufhören. Da hatte der Teufel seine Hand im Spiel. Damals Ministerpräsident von Baden-Württemberg.

Der Saukopftunnel ist 2.700 Meter lang, somit der »längste einröhrige nördlich der Alpen«, laut Tourismusabteilung von Mörlenbach, fühlt sich viel länger an, vor allem für alle, die sich an das Tempolimit von 50 halten, was sehr wenige sind. Manchmal finden Geschwindigkeitskontrollen aber sogar in der Tunnelröhre statt. Langweilig.

Viel spannender ist es *auf* dem Tunnel, genauer gesagt auf dem Saukopf. Wer auf dem Berg steht, fühlt sich seltsam erhaben über etwa 20.000 Autos, die unter ihm hindurchfahren. Dort oben werden Rehe gefüttert und Autofahrer belüftet, denn irgendwo müssen die Abgase ja hin. Die größte Attraktion neben der geschlossenen Hütte stellen die roten Sprühinschriften dar. Es wirkt so provisorisch wie nach der deutsch-deutschen Maueröffnung. Achtung Grenze! In diesem Fall sind es die beiden Bundesländer Baden-Württemberg und Hessen, doch so ein richtig staatstragendes Gefühl der Wichtigkeit mag sich nicht einstellen. Allenfalls wenn man sich Mord- und Totschlag mit zufällig anwesenden Beamten vorstellt, die zufällig zwei Meter *hinter* den besprühten Bäumen stehen, wodurch der Mord- und Totschläger entkommen kann. Alles Blödsinn? Vielleicht. Auf 348 Metern Höhe ist die Luft auch schon recht dünn.

Übrigens: Auch das benachbarte Mörlenbach möchte entweder umgangen oder untertunnelt werden. Nur den dort vorgeschlagenen Namen B 38a gibt es schon. Er wird zwischen Mannheim-Feudenheim und Neckarau benutzt.

Adresse 69469 Nächstenbach, Weinheim | **ÖPNV** Bahnhof Weinheim, etwa 40 Minuten Fußweg | **Pkw** B 38, Ausfahrt Bergstraße, links abbiegen in Römerloch, heißt dann Nächstenbacher Weg | **Tipp** Der Wanderweg zum Hirschkopf ist ein Rundweg von 3 Kilometern Länge.

106__Der Sichtungsgarten

Beim Wachsen zugucken

Genauer gesagt: Schau- und Sichtungsgarten. Ja, auch andere Gärten sind zum Schauen da, um Sicht aufs Grün zu haben. Dieser Garten aber passt rein zufällig in einen Untrend der Zeit, die Mode des Castings.

Hier sind es Pflanzen, noch perfider: Es wird ihr Verhältnis untereinander untersucht, zum einen ihre Wechselwirkung, zum anderen geht es um ästhetische Kombinationsmöglichkeiten.

Die chemische Industrie hat die Angewohnheit, in ihrer Außendarstellung sich selbst bei mittelprächtigen Anlässen ins goldglänzende Ballkleid zu schmeißen. Der Schau- und Sichtungsgarten gehört der örtlichen Firma Freudenberg und ist öffentlich zugänglich. Die Firma Freudenberg im Detail darzustellen, würde zu weit führen.

Es sei nur so viel gesagt: Der Familien-Urahn Carl Johann betätigte sich als Gerber, die notwendigen Gerbereien gab es Mitte des 19. Jahrhunderts günstig um die Ecke zu kaufen. Seine Enkel bauten die Firma zum Chemieunternehmen aus und um. Heute gehört die Unternehmensgruppe einer gewaltigen Erbengemeinschaft von 300 Personen.

300, das bedeutet, durch Anheiratung, durch Kinder außerhalb einer Ehe, transparent ist das alles nicht, aber enorm. Mitarbeiter sprechen davon, dass die Firma alles herstellt: vom Stecknadelkopf bis zum Flugzeugträger. Kann gut sein, dass das den Nagel auf den Kopf trifft.

Der Arbeitgeber von Weinheim pflegt also hier einen Schau- und Sichtungsgarten, will wissen, welche Kiwisorte hier wächst, wie amerikanische Hochgräser gedeihen, testet die Widerstandsfähigkeit eines Papierstrauchs – aus dem man tatsächlich Papier herstellen kann. Es ist nicht zuletzt die Wechselwirkung der Pflanzen, die hier interessant ist und eben nur im Freilandversuch untersucht werden kann. Wir dürfen es uns gratis ansehen und staunen.

Adresse Institutstraße, 69469 Weinheim | **ÖPNV** Bahnhof Weinheim, dann 5 Minuten Fußweg | **Pkw** B 38, Weinheim-City abfahren, dann Richtung Schloss halten | **Öffnungszeiten** im Winter 10–16 Uhr, im Sommer 10–19 Uhr täglich | **Tipp** Die Burgruine Windeck kann manchmal zu überlaufen sein, aber immerhin gibt es einen Biergarten.

107 Die Psychiatrie

Irre erholsam

Wohl dem, der freiwillig hier ist. Richtig heißt es PZN, die Abkürzung des Psychiatrischen Zentrums Nordbaden. Nein, eine richtige Abkürzung ist das nicht … verrückt irgendwie.

Wiesloch bedeutet dreierlei. Erstens eine Drohung: »Wonn des machsch, kummsch nach Wiesloch!« Es klingt wie eine Strafe. Zweitens ein Park, den man durchaus so gebrauchen kann, zum Spazierengehen und Faulenzen.

Drittens ist dies eine Wallfahrtsstätte. Um dies zu verstehen, muss die Person des Peter Schäfer in groben Zügen erläutert werden. Der 1875 geborene Mann hatte eine Schilddrüsenunterfunktion und war geistig zurückgeblieben. Eine Tätigkeit, die er verrichten konnte, war das Verkaufen von Blumen als Straßenhändler. Im Nachhinein ist schwer zu sagen, ob der sogenannte Blumepeter lockere Sprüche am Fließband um sich streute oder ob er wegen seines Geisteszustandes einfach ausgelacht wurde. Geblieben ist vorwiegend das Bild eines Witzbolds.

Sonderbar ist das Missverständnis seiner Herkunft. Peter Schäfer stammt nicht aus Mannheim und wurde nicht nach Wiesloch eingeliefert.

Vielmehr wurde der klein gewachsene Mann in Plankstadt geboren und verbrachte nach seiner Einweisung zunächst zehn Jahre in einer Klinik in Weinheim. Erst dann verfrachtete man den Blumepeter nach Wiesloch. Wie dem auch sei, wenn Geschichte einmal geklittert ist, ist dies kaum zu ändern, daher steht beziehungsweise sitzt sein Denkmal in Mannheim, hat nach wie vor häufig frische Blumen in der Hand, denn auch hier wird das nach ihm benannte Fest gefeiert.

In Wiesloch aber steht auf dem Anstaltsfriedhof in vorderster Reihe sein Grabstein, und auch hier sind täglich frische Blumen zu sehen. Vermutlich werden sie von Pflegern daraufgelegt, für die er eine Art Maskottchen darstellt.

Adresse Heidelbergerstraße 1a, 69168 Wiesloch | **ÖPNV** S-Bahn, Haltestelle Wiesloch; Bus 709, Haltestelle Psychiatrisches Zentrum Nordbaden | **Pkw** der Weg zur Klinik ist ausgeschildert | **Öffnungszeiten** werden locker gehandhabt | **Tipp** Sehenswert ist die ehemalige »Wasserversorgung der Heil- und Pflegeanstalt« auf dem Gelände. Achtung, der Zaun dahinter steht unter Strom. Und die Heilig Kreuz Kirche, an der Pforte Geländeplan geben lassen!

108__Der Teltschikturm
Ein öffentliches Privatmahnmal

»Turm der Familie Teltschik« heißt er denn auch auf der Homepage des Teltschikclans. Die Idee war privat, die Ausführung war
privat und nicht zuletzt auch die Finanzierung. Dies erklärt, warum
man sich hier oben vor einem der unglaublich seltenen Bauwerke in
Deutschland befindet, die nach einer Privatperson – oder wie hier
sogar nach einer ganzen Familie – benannt werden, die zudem noch
lebt. Eine Privatperson, die wohlgemerkt nicht prominent oder ge-
sellschaftlich relevant ist.

Wir haben es nicht mit einer Adels- und auch nicht mit einer In-
dustriellendynastie zu tun. Die Teltschiks sind eben so etwas wie …
die Cartwrights. Oder die Simpsons. Nur viel, viel mehr. Die Stifter
sind das Ehepaar Karin und Walter, der Architekt Robert. Und
wozu? »Dieser Turm (…) soll aber nicht nur ein weithin sichtbares
Wahrzeichen für die Gemeinde Wilhelmsfeld sein, er soll auch an die
alte Heimat der Teltschik-Familie drüben im Sudetenland erinnern
und ein neuer Bezugsort für ihre große Familientradition sein …«,
zumindest laut der Familienhomepage. Es zeugt vom Humor der
Gemeinde Wilhelmsfeld, diesem ungewöhnlichen Plan zugestimmt
zu haben.

40 Lärchen wurden gefällt, insgesamt wurden 44 Tonnen Mate-
rial verbaut, damit der Mensch auf 36 Metern die Treppe hinauf-
steigen kann – der Hund besser nicht, denn die 192 Treppenstufen
sind aus einem Metallgitter, das Hundepfoten schlecht vertragen –,
um in alle Himmelsrichtungen zu schauen. Vorausgesetzt, dass man
keine Höhenangst hat. Und wenn man richtig, richtig groß ist und
sehr, aber wirklich sehr gute Augen hat, kann man hoffen, einen va-
gen Blick ins Sudetenland zu erhaschen. Wenn da bloß die blöde
Erdkrümmung nicht wäre.

Übrigens: Der Teltschikturm liegt am Europäischen Fernwander-
weg Nordsee-Bodensee-Gotthard-Mittelmeer. Wenn Sie früh starten …

Adresse Parkplatz Langer Kirschbaum, 69259 Wilhelmsfeld | **ÖPNV** Bus 628, Haltestelle Langer Kirschbaum, dann circa 20 Minuten Fußweg, ist ausgeschildert | **Pkw** In Schriesheim im Tal die Bergstraße fahren, dann die Talstraße den Berg hoch, Richtung Wilhelmsfeld | **Öffnungszeiten** immer | **Tipp** Die Ölmühle in der Schriesheimer Altstadt, Steinachstraße 5, ist die letzte erhaltene Mühle am Kandelbach, vermutlich über 500 Jahre alt und kann dank der Familie Rufer, die sie besitzt, besichtigt werden, Tel. 06203/61305.

109__Der jüdische Friedhof
Der älteste Europas

Ein halbes Welterbe einen Geheimtipp zu nennen, wäre der Tief-keller des Understatements. Aber sicher wird der Jüdische Friedhof in Worms falsch eingeschätzt, weil alles Jüdische vermeintlich heilig und unantastbar ist. Und dann auch noch Friedhof!

Missverständnis eins: Das Tor ist in der Regel geschlossen, aber nicht *ver*schlossen. Man möchte einfach nicht, dass zum Beispiel Hunde hereinlaufen. Missverständnis zwei: Auf dem Friedhof ist so wenig los, weil hier nicht viele Juden leben, oder gar: Sie trauen sich nicht hierher aus Angst vor Neonaziangriffen. – Nein, nur halten es Juden mit Friedhöfen wie Moslems. Tote stört man nicht, und überhaupt sind Friedhöfe etwas Unreines. Daher fehlen weitgehend Grabbe-pflanzungen, die man pflegen müsste, aber vor allem geht man davon aus, dass die Wurzeln die Totenruhe stören würden. Missverständnis drei: Es leben kaum noch Juden hier, daher gibt es keine neuen Grä-ber. – Falsch, denn die Vermutung stimmt zwar, aber der Friedhof war bereits im Jahr 1911 belegt. Dementsprechend werden heutige Bei-setzungen woanders vorgenommen. Und Missverständnis vier: Das Judentum ist uns so fremd. – Von wegen! Die Gemeinsamkeiten mit dem Christentum sind zahlreich, aber es gibt Unterschiede.

Abgebrochene Säulen oder Baumstämme statt eines Grabsteins symbolisieren das Grab sehr junger Menschen oder Kinder. Es feh-len weitgehend Wege zwischen den Gräbern. Dadurch entsteht kein im christlichen Sinn geordnetes Gesamtbild des Friedhofs, sondern eher ein locker chaotisches. Viele Grabsteine sind nicht mehr da, nicht nur wegen der Nazis, sondern auch aus allen möglichen ande-ren Gründen. Zurzeit ist eine Steinmetzfirma damit befasst, alte In-schriften unter anderem mit Lasertechnik wieder lesbar zu machen, denn die letzte Bestandsliste stammt aus den 1920er Jahren!

In jedem Fall lohnt es sich, eine Friedhofsführung mitzumachen, denn sie ist auch eine allgemeine Religionsführung durch das Juden-tum, das uns so nahe ist und über das wir beschämend wenig wissen.

Adresse Willy-Brandt-Ring, 67547 Worms | **ÖPNV** ab Worms Hauptbahnhof 10 Minuten Fußweg | **Pkw** am besten in Bahnhofsnähe parken und zu Fuß gehen | **Tipp** Die Synagoge am Synagogenplatz hat von April bis Oktober 10–12.30 Uhr und 13.30–17 Uhr, von November bis März 10–12 Uhr und 14–16 Uhr geöffnet, der Gemeindesitz ist allerdings in Mainz.

110__Das Nibelungenmuseum
Ein Schatz

Streng genommen hat das Nibelungenmuseum nichts in diesem Buch verloren, denn es ist ein Ort in der Kurpfalz, den man *gehört* haben muss.

Die Eigenwerbung besagte bei der Eröffnung 2001, es sei das erste Mythenmuseum der ganzen Welt, und bereits hier beginnt der Pfad zu verschlammen. Die Nibelungensage enthält Teile einer Geschichtsschreibung, nur eben in einer unmodisch gewordenen Form, die nämlich der Interpretation bedarf und nicht in Schautafeln, Balkendiagrammen und abfragbaren Jahreszahlen festgehalten wird. Das ist erlebenswert.

Ausgesprochen großartig werden thematische Nebenfelder der Geschichte der Burgunder angeboten, aber als optionaler Zusatz im Hauptstrang. Der Audioguide führt Besucher den Stadtturm hoch und ein bisschen hin und her, aber das ist nebensächlich, genauso wie die manchmal unfreiwillig komischen Filmbilder aus der Stummfilmzeit. Eine Hauptsache ist allemal die Erzählstimme von Mario Adorf und die Haltung des Ich-Erzählers zur Rezeption und Fehlrezeption der Geschichte. Man denke allein an die Stätte, wo Siegfried von Hagen getötet wurde. Es war in Grasellenbach am Siegfriedbrunnen, in Heppenheim am Siegfriedbrunnen oder im Mossautal am Siegfriedbrunnen. Für die Geschichte selbst ist es nicht von Belang, nur für die zuständigen Fremdenverkehrsbehörden.

Von außen ist die Architektur eine Kampfansage, streitbar, mutig und in 20 Jahren könnte sie direkt hässlich wirken. Egal, denn die Geschichte hier wird so oder so bleiben. In 20 oder 50 Jahren spazieren lebensgroße Holografien durchs Gemäuer, die man befragen kann, die einen bedrohen, anschreien oder vor dem Besucher davonlaufen, mag sein. Zurzeit ist diese museale Erzählweise, die ohne Einschränkung auch für Blinde sehenswert ist, konkurrenzlos: Eben ein Ort, den man gehört haben muss.

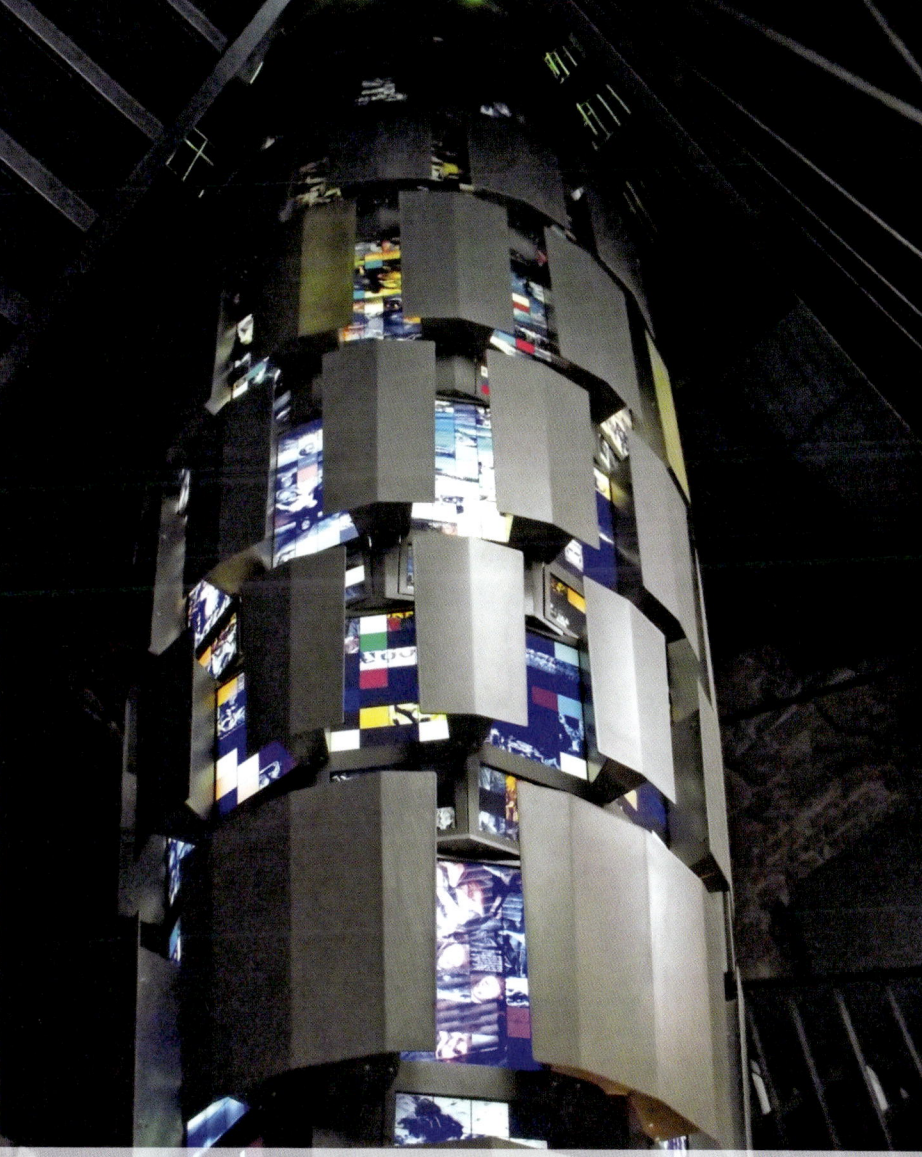

Adresse Fischerpförtchen 10, 67547 Worms | **ÖPNV** Hauptbahnhof Worms, dann 15 Mi-
nuten Fußweg | **Pkw** rechtsrheinisch über die Nibelungenbrücke, rechts in die Herzog-
straße, links in die Bauhofgasse, linksrheinisch direkt an der B 9 | **Öffnungszeiten** Di–Fr
10–17 Uhr, Sa, So 10–18 Uhr | **Tipp** Die neue Nibelungenbrücke ist nur ein Verkehrsweg,
die alte Nibelungenbrücke nebenan ist allerdings nur ein Neubau jener anderen alten Nibelungenbrücke aus dem 19. Jahrhundert, die von der Wehrmacht beim Rückzug zerstört
wurde. Sehenswert ist allemal der prächtige Nibelungenturm von 1900, der von den Pfad-
findern als Herberge genutzt wird und daher nur bedingt begehbar ist.

111__Der Melibokus
Alles falsch?

Ptolemäus schrieb vor 2.000 Jahren über den Harz, den er Melibokus nannte. Eitle Bergsträßler Humanisten missverstanden den antiken Wissenschaftler gründlich und dachten, er hätte den Malschen an der Bergstraße gemeint. Doch nun war der Fehler in der Welt, und die Welt ist groß, also heißt der Melibokus weiter Melibokus.

Noch im Zweiten Weltkrieg stand auf seiner Spitze ein hölzerner Aussichtsturm, den zwei junge Soldaten brav sprengten, als die US-Armee anrückte. In den 1960ern standen die Zwingenberger kurz vor der Eröffnung des neuen Turms, diesmal aus Beton, doch es war die Zeit, als über die Bergstraße täglich 50 bis 60 Starfighter oder Mirages donnerten, teilweise so niedrig, dass man angeblich die Piloten sehen konnte. Ein Sport war es, den Melibokus zu »rasieren«, also so knapp wie möglich den Wald zu überfliegen. Doch ein Pilot schaffte es nicht. Er raste mit einem Starfighter in den Berg und rasierte ein gutes Stück Wald weg. Durch die große Hitzeentwicklung ist dort auch ein Stück des Berges verschwunden, eine großflächige Mulde am Nordwesthang weist darauf hin.

Es führen mehrere Wanderwege nach oben, und wenn man die Nase voll hat, von Rennradfahrern – aufwärts! – überholt zu werden, kann man einen der harten, steilen Wege wählen und sich durchaus dabei ein wenig verirren. Aber der neue Turm weist den Weg.

Früher nutzte die US-Armee diesen höchsten Berg des Vorderen Odenwalds. Seit 2010 ist der Turm jedoch saniert und den hehrsten, den touristischen Ansprüchen vorbehalten. Den Schlüssel zum Aufstieg erhält man ein paar Meter unter der Hütte mit dem Namen »Zur Hütt'n«, die mit ihrem eigenen aufgesetzten Johannisbeerschnaps wirbt. Apropos Aufgesetzter: Im Frühjahr 2005 blieb ein unterhalb startender Drachengleiter in den Bäumen hängen und musste zwei Stunden warten, bis ihn die Bergwacht aus dem Geäst sägte, Glück im Unglück, da die Bäume hier nicht allzu hoch sind. Und warum kommt man hoch auf den Melibokus? Wegen der Aussicht.

Adresse Zum Schloss, 64665 Alsbach, was außerhalb der Kurpfalz liegt! Der Turm oben aber gehört wiederum eindeutig dazu. So sieht's aus. | **ÖPNV** Regionalbahn nach Alsbach, Bus K50 Richtung Bickenbach, Haltestelle Alsbach-Hähnlein Ortsmitte | **Pkw** B 3 Richtung Alsbach, dann Richtung Schloss | **Öffnungszeiten** Hütte Sa, So 11–17 Uhr, nur im Sommer | **Tipp** Der Steinbruch mit Vulkangestein unterhalb wirkt so wild, wie er ist.

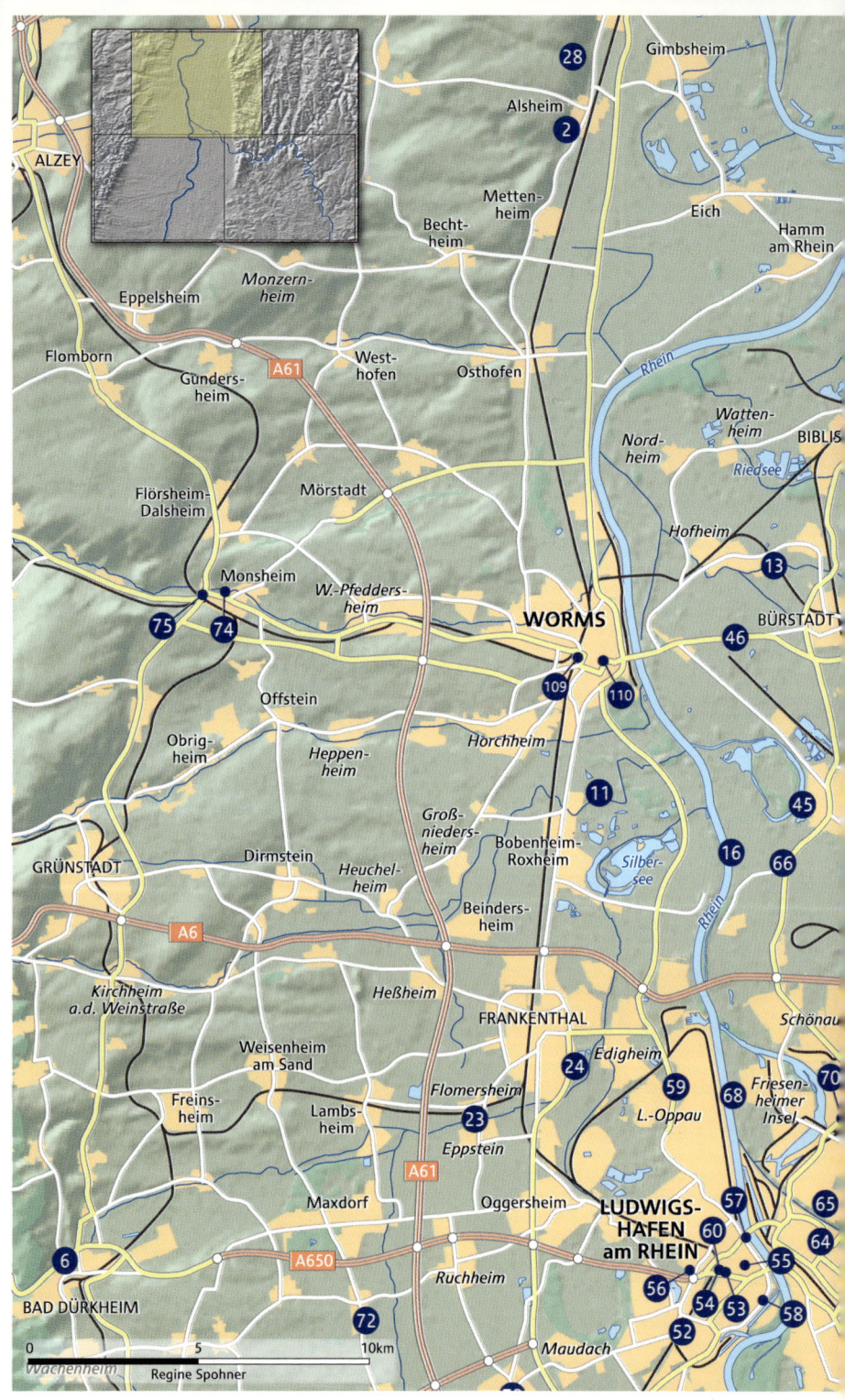

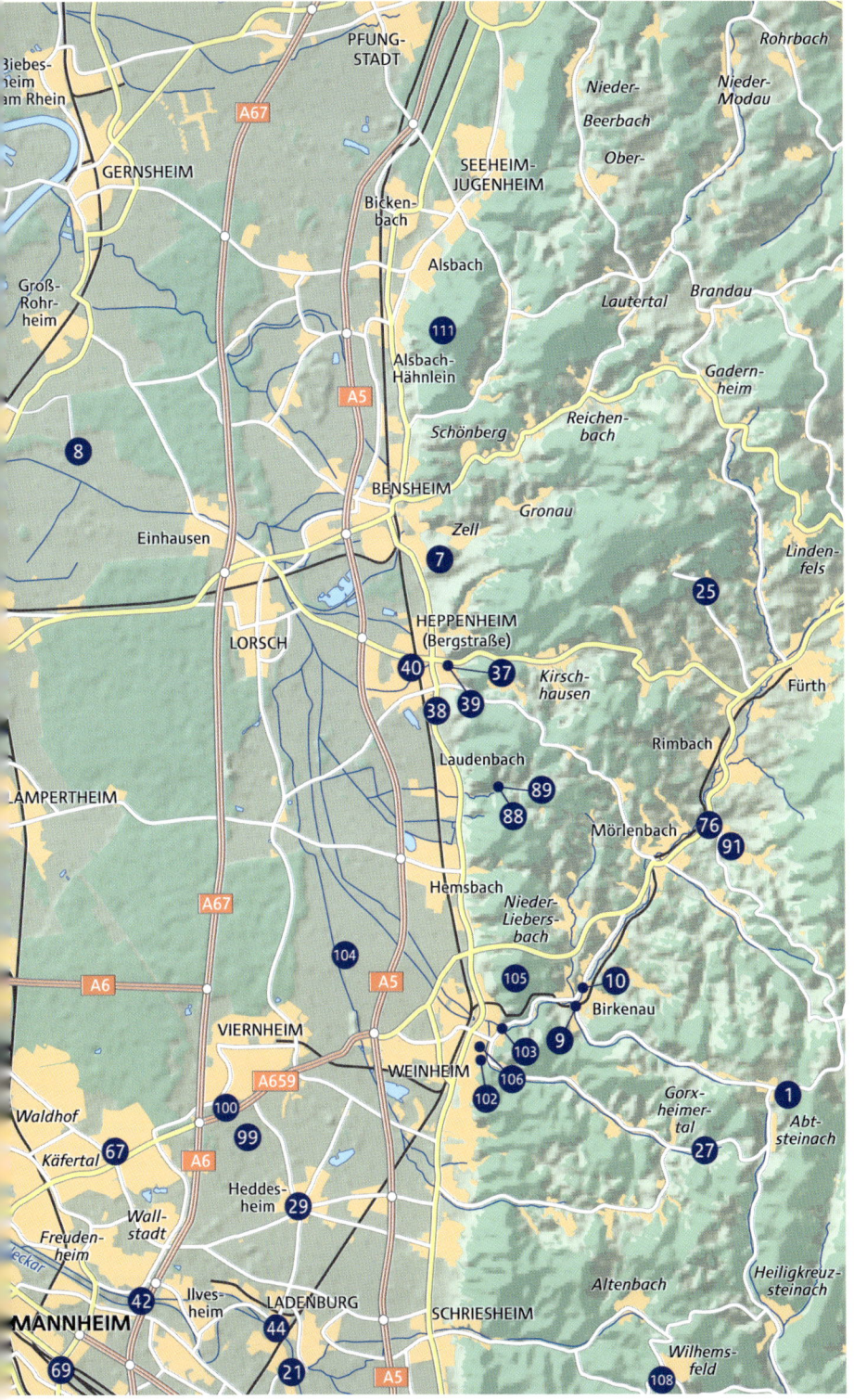

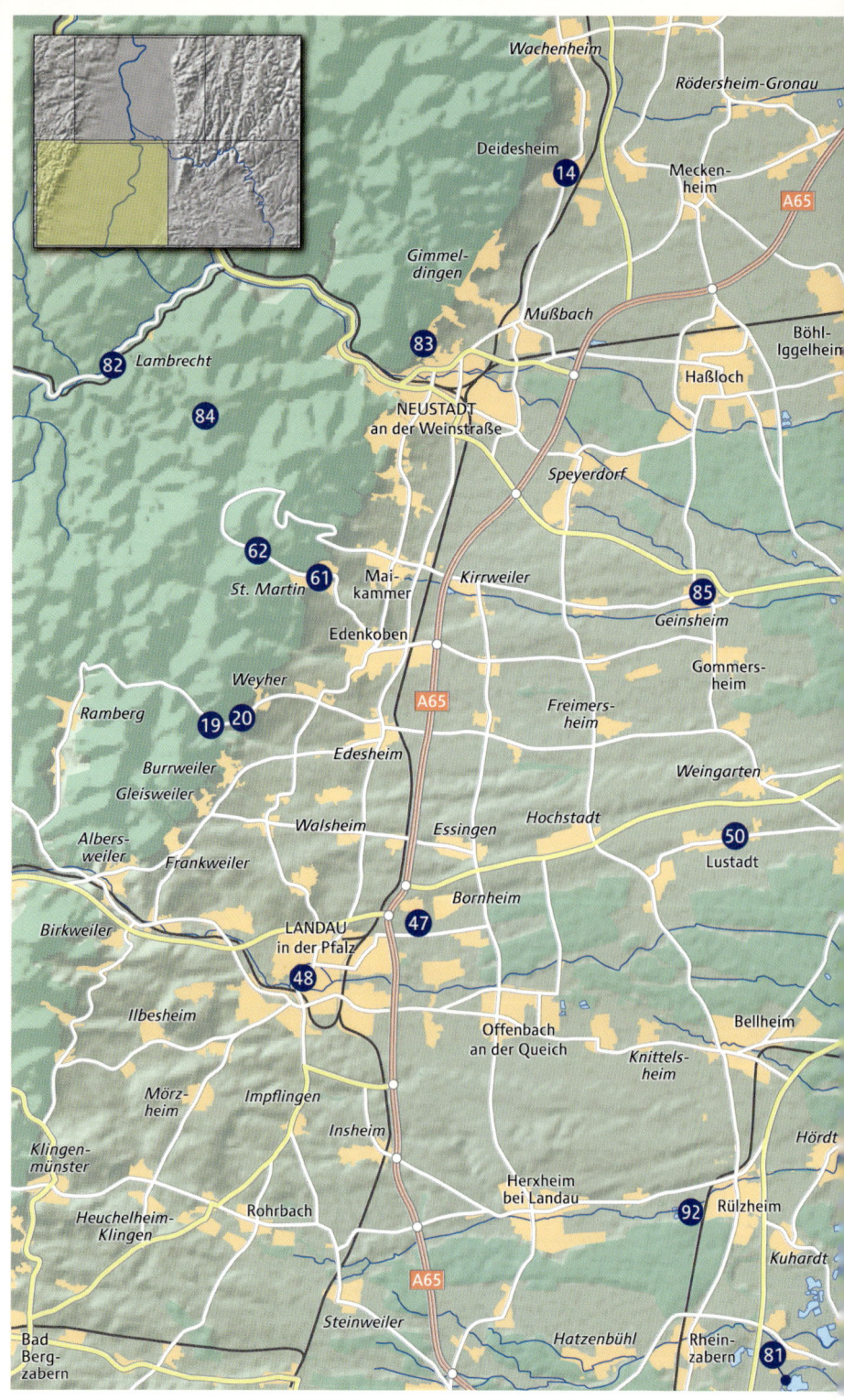

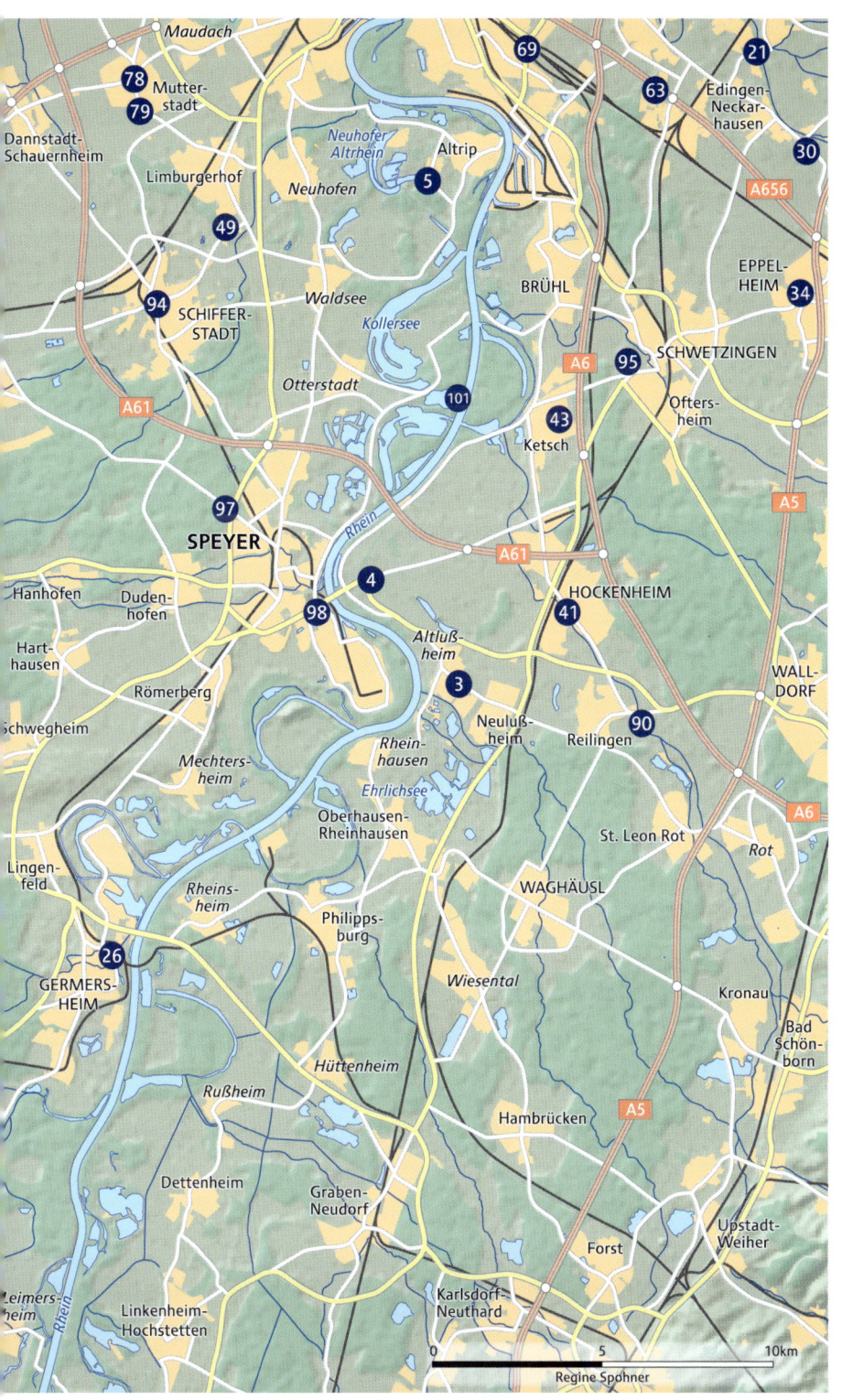

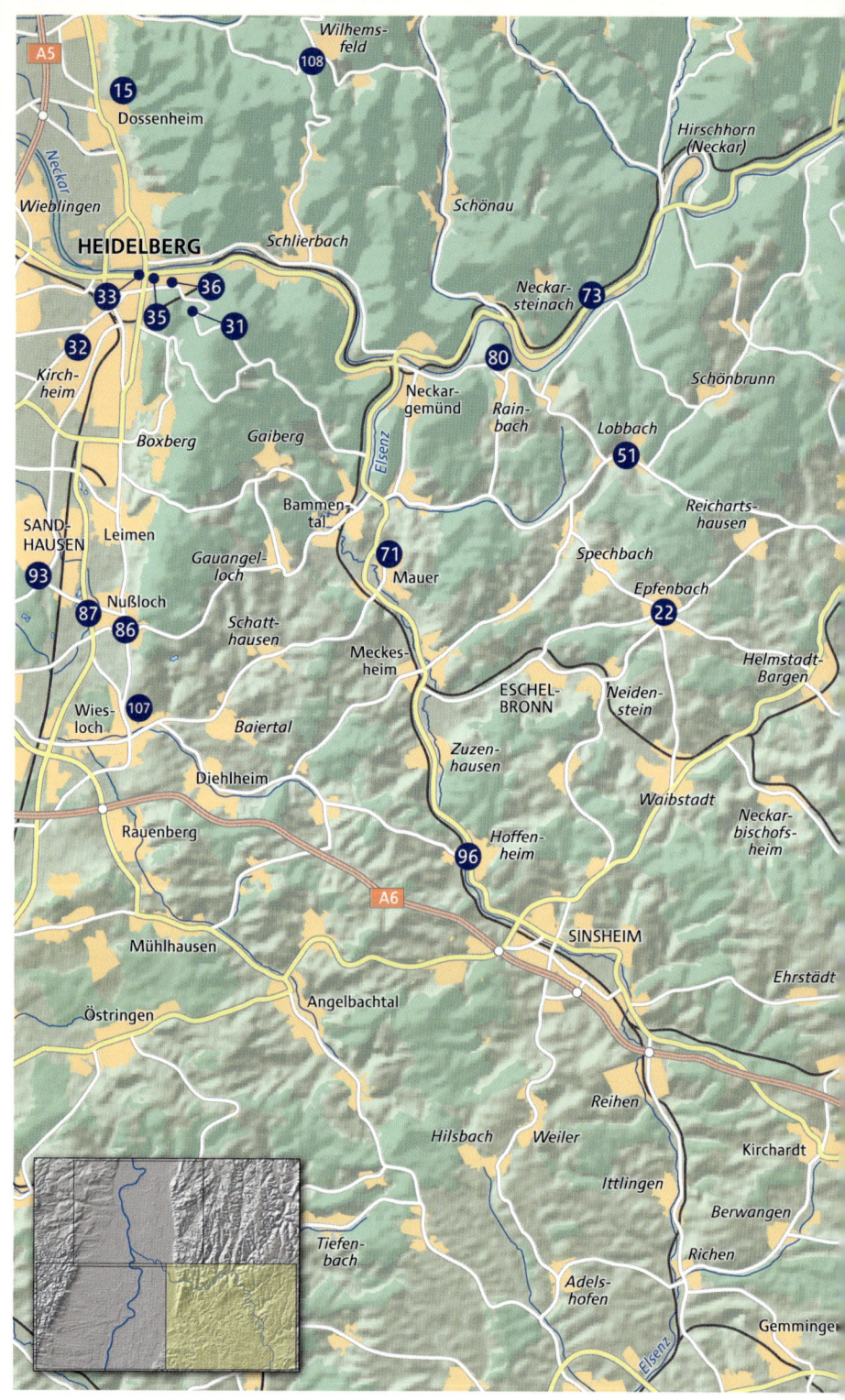

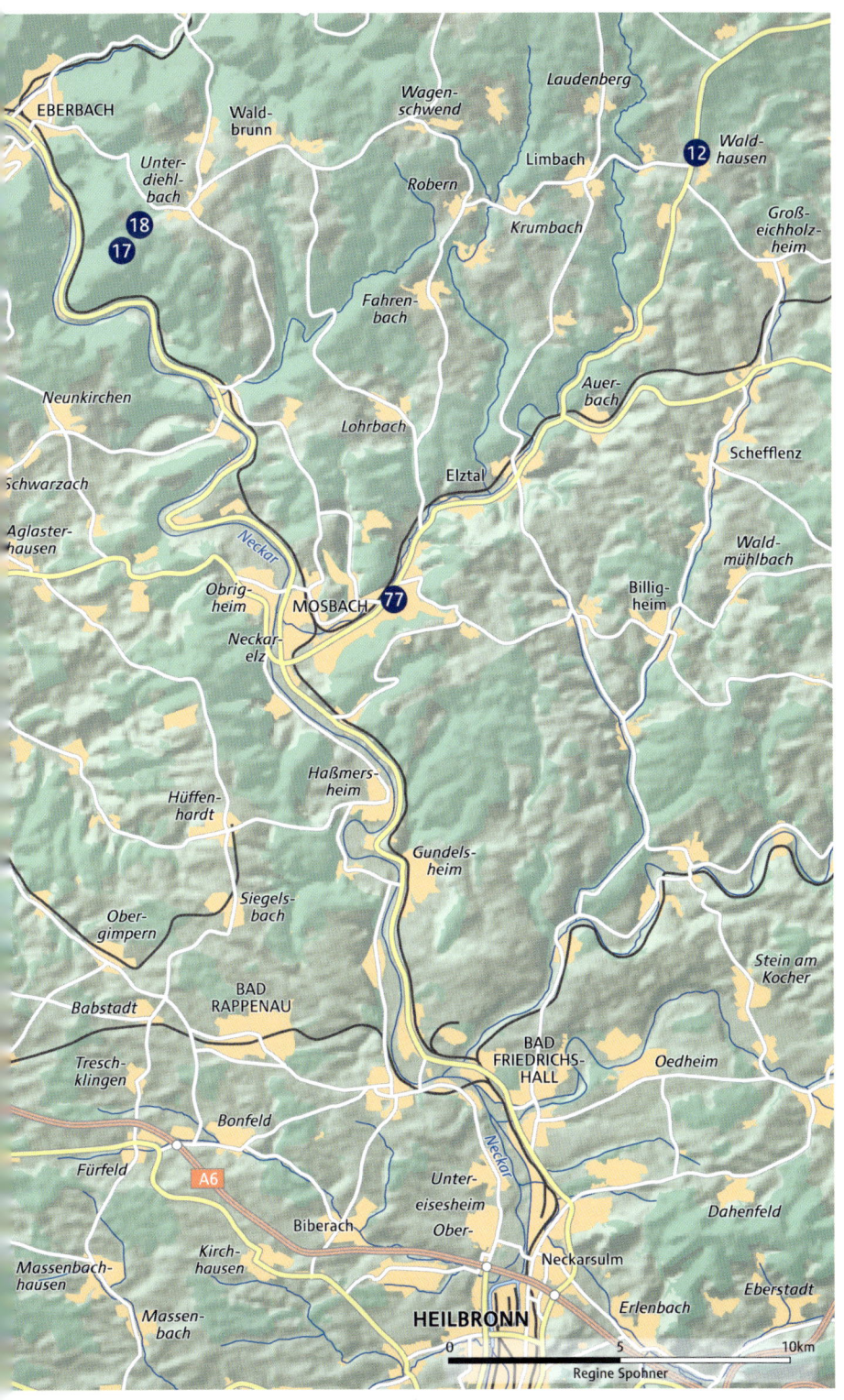

Abspann

Der Autor wurde leider nicht kostenlos ausgestattet mit:
Lamy Füller mit Lamy Patronen, Nokia 6310 Baujahr 2001,
Fuji Kamera, allen kurpfälzischen Biersorten,
sämtlichen Benzinsorten.

Der Autor wurde kostenlos ausgestattet von:
Odenwälder Apfelwein Marke Eigenbrau, Dietrichs, Kirchners,
Miehms, Willes, Winklers, Volkswagen Polo Baujahr 1991 mit
defektem Türschloss, ohne Servolenkung, Rücksitz und anderem
Schnickschnack.

Und jetzt: Ausspann

Der Autor

Thomas Baumann ist in Neckarau geboren, hat
in Mannheim, Bonn und Köln studiert. Nach
Jahren des Rockjournalismus und der Sudelpres-
se schrieb er für Comedyshows, u.a. »Switch«,
»Mensch Markus« und »Die dreisten Drei«. Bibliographie: »Die
spinnen, die Deutschen«, »Daheimbleiben kann jeder«, »Garantiert
deutsch!«, »Als die Titanic wieder auftauchte«, und der Mannheim-
Führer »Quadratschädel«.

Carsten Henn
**111 deutsche Weine, die
man getrunken haben muss**
ISBN 978-3-89705-849-1

Rüdiger Liedtke
**111 Orte auf Mallorca, die
man gesehen haben muss**
ISBN 978-3-89705-975-7

Regine Zweifel
**111 Orte in Paris, die man
gesehen haben muss**
ISBN 978-3-89705-823-1

Alexandra und Jobst Schlennstedt
**111 Orte an der Ostseeküste,
die man gesehen haben muss**
ISBN 978-3-89705-824-8

Lucia Jay von Seldeneck,
Carolin Huder, Verena Eidel
**111 Orte in Berlin, die
man gesehen haben muss**
ISBN 978-3-89705-853-8

Rike Wolf
**111 Orte in Hamburg, die
man gesehen haben muss**
ISBN 978-3-89705-916-0

René Förder
**111 Orte in Sachsen-Anhalt,
die man gesehen haben muss**
ISBN 978-3-89705-911-5

Gabriele Kalmbach
**111 Orte in Dresden, die
man gesehen haben muss**
ISBN 978-3-89705-909-2

Oliver Schröter
**111 Orte in Leipzig, die
man gesehen haben muss**
ISBN 978-3-89705-910-8

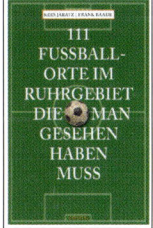

Ralf Koss und Frank Baade
**111 Fußballorte im
Ruhrgebiet, die man
gesehen haben muss**
ISBN 978-3-89705-929-0

Fabian Pasalk
**111 Orte im Ruhrgebiet,
die man gesehen haben
muss**
ISBN 978-3-89705-814-9

Christina Kuhn und Katrin Höller
**111 Orte Südwestfalen, die
man gesehen haben muss**
ISBN 978-3-89705-926-9

Peter Eickhoff
**111 Orte am Niederrhein, die
man gesehen haben muss**
ISBN 978-3-89705-815-6

Peter Eickhoff
**111 Düsseldorfer Orte, die
man gesehen haben muss**
ISBN 978-3-89705-699-2

Alexander Barth
**111 Orte in Aachen und der
Euregio, die man gesehen
haben muss**
ISBN 978-3-89705-931-3

Bernd Imgrund
**111 Kölner Orte, die man
gesehen haben muss**
Band 1
ISBN 978-3-89705-618-3

Bernd Imgrund
111 Kölner Orte, die man gesehen haben muss
Band 2
ISBN 978-3-89705-695-4

Bernd Imgrund
111 Orte im Kölner Umland, die man gesehen haben muss
ISBN 978-3-89705-777-7

Bernd Imgrund
111 Kölner Kneipen, die man kennen muss
ISBN 978-3-89705-838-5

Peter Gitzinger
111 Orte im Saarland, die man gesehen haben muss
Band 1
ISBN 978-3-89705-709-8

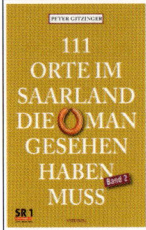

Peter Gitzinger
111 Orte im Saarland, die man gesehen haben muss
Band 2
ISBN 978-3-89705-886-6

Gertrud und Joachim Steiger
111 Orte im Odenwald, Spessart und an der Bergstraße, die man gesehen haben muss
ISBN 978-3-89705-945-0

Thomas Baumann
111 Orte in der Kurpfalz, die man gesehen haben muss
ISBN 978-3-89705-891-0

Daniela Bianca Gierok und Ralf H. Dorweiler
111 Orte im Schwarzwald, die man gesehen haben muss
ISBN 978-3-89705-950-4

Rüdiger Liedtke
111 Orte in München, die man gesehen haben muss
ISBN 978-3-89705-892-7

Andreas Baar
111 Orte im Münchener Umland, die man gesehen haben muss
ISBN 978-3-89705-705-0

Lisa Graf-Riemann und Ottmar Neuburger
111 Orte im Berchtesgadener Land, die man gesehen haben muss
ISBN 978-3-89705-961-0